張其昀、端木愷傳略

廖忠俊編著

傳 記 叢 刊

文史哲出版社印行

國家圖書館出版品預行編目資料

張其昀、端木愷傳略 / 廖忠俊編著.-- 初版 --
臺北市：文史哲出版社, 民 111.03
頁；　公分 --（傳記叢刊；24）
ISBN 978-986-314-594-3（平裝）

1.CST：張其昀　2.CST：端木愷
3.CST：傳記

783.31　　　　　　　　　　　111004240

傳　記　叢　刊　24

張其昀、端木愷傳略

編　著　者：廖　　　忠　　　俊
出　版　者：文　史　哲　出　版　社
　　　　　　http://www.lapen.com.tw
　　　　　　e-mail：lapen@ms74.hinet.net
登記證字號：行政院新聞局版臺業字五三三七號
發　行　人：彭　　　正　　　雄
發　行　所：文　史　哲　出　版　社
印　刷　者：文　史　哲　出　版　社
臺北市羅斯福路一段七十二巷四號
郵政劃撥帳號：一六一八〇一七五
電話886-2-23511028 · 傳真886-2-23965656

定價新臺幣二五〇元

二〇二二年（民111）三月初版

吳　序

　　本書編著者廖忠俊教授曾長期在立法院服務，擔任高階專門委員承辦教育委員會的業務，而我也一直在教育部服務至擔任部長職位，因而這些年常有機會與廖專門委員聯繫晤面。

　　廖教授也曾在民國七十年至八十八年於文化大學兼課執教，當年聘請他到陽明山華岡授課的董事長即是本書主人翁之一的張其昀曉峯先生。

　　頃接廖教授來電並專程到我的辦公室，惠呈其新著《張其昀、端木愷傳略》全書文稿並請我過目寫序，我有幸先睹為快；尤其今年適逢文化大學創校六十周年紀念，出版此書特別富有意義；又欣聞即將付印出版，乃嘉勉其勤學用心而樂於為之序。

　　　　　　　　　　吳清基 2022.03.07
　　　　　　　　　　（臺灣教育大學系統總校長、
　　　　　　　　　　文化大學董事、前教育部長、
　　　　　　　　　　國策顧問）

2　張其昀、端木愷傳略

劉　序

　　本書作者廖忠俊教授是東吳大學畢業生，長期擔任過歷史學系系友會的會長。我因曾任八年的東吳大學校長，因而與廖教授熟識，深知他妥善利用公餘的周休二日、寒暑假、立法院休會期間，博覽群書並勤於著述；每冊內容皆能深入淺出，文筆流暢感性。本書是他的第十二本新著，對其善用教研之餘，勤奮用心寫作，深感難能可貴。

　　廖教授在離開公職後，回到母校東吳兼任執教授課，因此我們較有機會見面晤談。他每有新著，總會贈我一冊。

　　忠俊在東吳大學就讀時的校長，即為本書主人翁之一的端木鑄秋先生。據知當年，他們常有機會在校園、宿舍及每週五於學校教堂（安素堂）的「團契證道」與每個禮拜天的「主日崇拜」時間，見面聊天而更加認識親近。

　　我受知於端木校長，來到東吳大學任教即將滿半個世紀。在校長任內的最後一年（民國九十三年），我特別督導編輯出版了《端木愷校長紀念集》，引以為對端木校

長知遇的回饋。在序文的最後一段，我寫：「希望有後進更能憑藉這本紀念集的素材，……寫出一本『端木愷先生傳』，當更能彰顯端木故校長的不朽功德。」

　　如今，廖忠俊教授做到了。

　　忠俊在即將付印出版之前，特別帶全書文稿來到我的研究室，讓我先睹為快。我在欣慰喜悅之餘，作了少許訂正。全文翔實而俱到，當樂為之序。

劉源俊 2022.03.03

（東吳大學名譽教授、前校長）

感謝辭

　　筆者編著《張其昀、端木愷傳略》的靈感來自閱讀母校東吳大學《端木愷校長紀念集》，因恩師劉源俊前校長在序文的最後一段話：「希望有後進更能憑藉這本紀念集的素材，……寫出一本《端木愷先生傳》，當更能彰顯端木校長的不朽功德。」

　　在我先撰就完成《端木愷傳略》時，又聯想到當年提攜我到文化大學授課的張其昀創辦人董事長，乃仿效太史公司馬遷《史記》內〈列傳〉之「合傳」（如：〈廉頗藺相如列傳〉、〈衛（青）將軍驃騎（霍去病）列傳〉、〈扁鵲（秦越人）倉公（淳于意）列傳〉體例，而合傳寫成《張其昀、端木愷傳略》，（張曉峯先生年長端木鑄秋先生兩歲）；以感謝報答張創辦人董事長的提拔恩情。

　　於此，有一事須向師長前輩及讀者先進報告者，因寫作而長期扶案勞累，當撰述《張其昀傳略》至第五章時，右手（指掌）因長久不停握筆（原子筆與觸控筆）而導致僵硬疼痛，旋經名醫診斷為肌腱發炎，勸戒最好暫時（至少兩週）要停止寫字，須讓手指、手掌休息；於是遵照配合醫師指示；兩週後，手部才又恢復靈活而

痊癒康復。

　　因此，《張其昀傳略》第五章，就沒有像《端木愷傳略》的第五、六章一樣，多做闡述發揮，祈請明察鑒諒。

　　編著寫作極為辛勞，感謝大學同仁淑貞主任，學棣正科、家菁、愉善、桂福、韻萍、律嘉、芝羽、和嘻、美綺、義朗、依璇、瑞雯等，代為謄稿打字，衷心感謝。

　　編著初稿，承蒙恩師東吳大學蔣教授武雄，文化大學賴教授福順的勞心費神指點潤飾，受惠良多，恩情永記。

　　又承臺灣教育大學系統總校長、文化大學董事，前教育部長、國策顧問，吳總校長清基及東吳大學劉前校長源俊恩師的指教賜序鼓勵，增添無限光彩榮耀，感激不盡。

　　我更要謝謝家人給我的鼓勵和祝福，他們讓我深深感受到家庭的溫馨與甜蜜，和樂而喜悅。

廖忠俊 謹誌於東吳

2022.03.08

張其昀、端木愷傳略

目 次

第一篇　張其昀先生傳略

　　張其昀（1901-1985），浙江鄞縣（寧波）人，著名史地學家，大學史地學系主任研究所所長；政治（國防戰略）家，大學問教育家，擔任南京中央大學、杭州浙江大學教授；歷任黨政重要職位，執政黨中央委員會秘書長，行政院教育部長，陽明山國防研究院主任等；民國五十一年，書生報國，「承東西之道統，集中外之精華」，創辦中國文化大學華岡學園，春風化雨，桃李無數；嘗自謂一生最重視的履歷為：一、華岡學府（文化大學暨中華學術院）的創辦人，二、《中華五千年史》的著作者，三、全神教〔五神教〕的信仰者。

第一章　家世與求學

　　張其昀字曉峯,浙江鄞縣人,清光緒二十七年(1901)十一月九日(農曆九月二十九日)生於鄞縣西楊村的書香門第,由於他的曾祖父及祖父都是前清舉人,所以他的家門前立有旗桿,鄉人鄰里引以為榮。宅旁有綠竹碧池,揭其宅曰「竹蔭廬」。至今,其故居宅第仍尚存者,寧波市鄞州區於 2010 年 9 月,列為文物保護點。[1]

　　張其昀小時入讀村學,後轉入桓溪鄞縣第四小學,此地距西楊村數十里;行前,其父授予浙東文史學家全祖望(謝山)《鮚埼亭集》,並對他說:「你現在還看不懂,但留著作紀念,長大就知用意」。其後,張其昀考入鄞縣第四中學,校址在鄞縣城甬江水畔,風光殊妙。在校受其良師:國文教師陳康黼、歷史洪允祥、地理蔡和鏗的影響甚大。陳老師教他國學文章,洪老師傳授歷史製表,蔡老師強調地理製圖;曉峰先生一生之喜愛專研文史地學,興趣淵源於此。

　　民國八年,中學畢業,正值「五四學生運動」,乃代

---

1 劉廣英(2016),《俯仰-民國政略家張其昀》,頁 3。

表寧波學生會赴上海，參加「全國學生聯合總會」，時學生運動以「讀書不忘救國，救國不忘讀書」來號召[2]。先生旋考入國立南京高等師範學校，深受哲學教師劉伯明先生之薰陶，又受史學大師柳翼謀先生之器重，追從研習中國文化史，爰知國家民族文化歷史悠久，於是立志決意探研史地之學，發揚民族精神。

張其昀先生在民國十二年，於南京高等師範（當時一般簡稱「南京高師」，唯民國十年，南京高師不再招生，升格稱名「東南大學」[3]；民國十六年，國民革命軍順利底定南京，遂又改名為國立「中央大學」）畢業後，曾有四年時間到上海商務印書館，應當時該館編譯所長王雲五先生之聘請，擔任初中、高中地理教科書的編輯工作。由於他的編輯新穎手法，資料取材豐富，段句流俐，圖文並茂，又能深入淺出而受到業界及學生的青睞歡迎，叫好又叫座。

他在〈六十自述〉回憶：「我當時常整天在商務印書館的東方圖書館縱覽群籍，博觀約取，精神食糧特為豐盈」有以致也。

他也因此追懷感念中學時代的陳康黼、洪允祥、蔡和鏗三位老師當年的指導教誨。

2　張其昀，〈參加五四運動的經過與感想〉，《張其昀先生文集》（凡二十五冊），第十冊（史學類七）。
3　張其昀，〈南京高師與東南大學〉，《張其昀先生文集》，第十六冊（文教類一）。

　　他認為能以流俐文字，深入淺出而吸引學生讀者，感恩：「飲水思源，實由於業師康韠先生的關愛」。

　　他又感懷歷史老師洪允祥與地理老師蔡和鏗對他深遠的影響：

> 時間與空間是不可分離的，歷史課須以地理為背景，地理課應以史事來印證；洪先生教我們製表，蔡先生教我們畫圖；不但使我們深感興味，且有助於記憶與理解。我在中學，頗知奮勉，洪先生關愛延納，屢能傾吐高文大論。對洪、蔡兩位老師的教導與關懷，培養學生志趣的影響，特別表示感佩。[4]

　　他在中央大學任教時的及門弟子，後來也在大學執教地理學的任美鍔教授回憶曉峯恩師的啓蒙教誨：

> 我進入地理科學殿堂，全賴曉峯師啟蒙。一九二八年在高中求學時，我課餘閱讀曉師編著的《高中本國地理》（商務印書館出版）一書，深感其內容博大精闊，分析與綜合並重，與當時坊間所售的地理書籍完全不同，且文筆流暢，引人入勝，因而對研習地理學產生了興趣。當時，我對曉師

---

4 宋晞，〈傳略〉，《張其昀先生紀念文集》。

的博學鴻才，私淑已久，故中學畢業後就報考當時曉師執教的前中央大學地理系。現在我在地理科學上粗有成就，飲水思源，全得益於曉師的啟蒙之功。[5]

著名嵌字而成聯語的專家張佛千先生也讚美回憶：

我十五歲考入南京有名學校江蘇省立第一中學，地理課本是張其昀先生所編，內容極為生動，把大地寫活了；我就到商務印書館全冊買回閱讀，這是我欽慕曉峯先生之始。[6]

南京高等師範學校成立於民國四年九月；張其昀先生於民國八年考進南高，至民國十二年（此時南高已升格改名東南大學）畢業，他在此求學時期，南高的學風堅苦卓絕，專力辦學，勤樸上進，完善人格；其人格教育特別注重德、智、美、群四育。

在「南高」大學時代，張其昀先生明顯受到郭秉文校長與史學教授柳詒徵（翼謀）及哲學教授劉伯明（經庶）的教誨最多，影響最大。

---

5 任美鍔（1999），〈學貫史地萬世師表的張曉峯師〉，《張其昀先生百年誕辰紀念文集》，頁 188-189。
6 張佛千，〈敬思張曉峯先生〉，《傳記文學》，47 卷 4 期，74 年 10 月。

郭秉文（字鴻聲，1880-1969），江蘇人；民元（1912），獲得美國哥倫比亞大學師範學院碩士；三年，獲哥大哲學博士；留學期間，曾任留美學生聯合會會長。民國四年至九年，擔任「南高」的教務主任及代理校長；十年十月，改名為東南大學，任校長；十三年九月，「中華教育文化基金會」組成，負責保管美國退回庚子賠款等事宜，擔任華籍董事。四十三年，教育部成立「在美教育事業顧問委員會」，任委員；四十六年，接替梅貽琦出任主任委員（時教育部長為張其昀先生）。

劉伯明（字經庶，1887-1923），江蘇江寧人，曾留學日、美，民四（1915）獲美國西北大學哲學博士學位，苦學而通多國語言，學貫中西。民八，專任「南高」教授兼訓育暨文史地部主任；十年，任東南大學郭秉文校長之副手，仍兼文史主任、哲學教授，甚受校方倚重，學生愛戴，教化學生品性人格，影響深遠。

柳詒徵（字翼謀，1880-1956），江蘇丹徒（今鎮江）人，曾從清末民初大師王先謙、繆荃孫等習國學歷史；民五受聘「南高」文史地部教授；十年，改聘為東南大學歷史系教授，講授中國文化史、中國歷史，蜚聲學界。南高、東南大學時期，與劉伯明、梅光迪等教授學者相友善，互通聲息，當時有「北大南高」雅譽並稱；後東南改名中央大學，再任教授；三十七年，膺選為行憲後之中央研究院第一屆院士。生平著作極豐，尤以《中國文化史》、《國史要義》最為著名，影響頗廣大而深遠。

　　張其昀因師從郭秉文、劉伯明及柳詒徵等，所以日後自己亦為文史地學家暨文化大學創辦人董事長。

　　他曾追念感懷三位恩師：

　　　　中央老校長郭秉文先生，手創南高、東大，名師萃集，極一時之盛；哲學教授劉伯明、史學教授柳詒徵等，咸以氣節砥礪學子。劉師為一教育家，言論風采，影響所及，至為深遠。民國八年，我投考國立南京高等師範學校，柳師對我筆試口試的成績，有很好印象；但發榜前，注意到沒有我的名字，查詢打聽，是校醫在我名字下寫了身體太單薄（Very thin built），體格不及格而淘汰；柳師為我起來說，該生各科考試都很優秀，就這樣犧牲掉太可惜；並說他自己少年時身體也瘦弱，中年後才飽滿起來；由於他的資望，全力爭取提請復議，無異議通過。到了發榜登報，我竟獲得領銜全榜的榮譽。幾年後，直到我在母校任教多年，在一個偶然機會，柳師與人談及此事，我聽了之後，真是感激涕零，無法表達我的感恩。[7]

　　張其昀在南高及東南大學求學時，除了歷史學教授

---

7 張其昀，〈郭師秉文的辦學方針〉、〈劉伯明先生論學風〉、〈吾師柳翼謀先生〉，《張其昀先生文集》第九冊，頁 8708、8692 與 4713。

柳詒徵（翼謀）外，他也主修受教於地理學教授竺可楨（藕舫）先生；這兩位大師後來都分別力邀提拔聘請張其昀先生到母校中央大學與家鄉浙江大學擔任史地課程教師，使他日後也成為史地學家。

張其昀回顧柳詒徵大師耳提面命奮勉學習「二顧」之史地學——顧炎武（亭林）的歷史學與顧祖禹（景範）的地理學；他感念：

> 柳師說道，讀顧亭林《日知錄》可以瞭解如何作札記（卡片），乃取子夏之言，〔日知其所亡，月無忘其所能，可謂好學也已矣。〕名曰《日知錄》。柳師又指示我們讀顧祖禹《讀史方輿紀要》，須讀各省區地略總論，是這部全書的心血結晶。[8]

張其昀又在顧祖禹著《讀史方輿紀要》述略簡敘：

> 景范曰：古今之方輿，衷之於史，即以古今之史，質之於方輿；不知地理無以讀史，不讀史亦無以明地理：景范推闡史地學之關係深切著明。[9]

---

[8] 張其昀，《中華五千年史》自序，《張其昀博士的生活和思想》，頁 34。

[9] 張其昀，《讀史方學紀要》述略，《張其昀先生文集》，頁 1956。張其昀，〈重印讀史方輿紀要序〉，《張其昀先生文集》，第二十冊。

　　張其昀回想柳師給他得益最多之教澤為地理方志學、圖譜學與史料學三點。[10]

10　王成聖（2000），〈地理學大師張其昀〉，《張其昀先生百年誕辰紀念文集》，頁 404；劉廣英，同註 1 前揭書，頁 79。

第二章　中央大學及浙江大學
教授生涯

　　民國十六年七月，國民革命軍北伐軍節節勝利，已底定南京；張其昀的恩師柳詒徵（翼謀）教授，自北京清華、東北大學又回到原先執教過的南高、東南大學，現已改名為中央大學任教。

　　由於張其昀在南京東南大學於民國十二年以第一名成績畢業，後又在上海商務印書館編輯初中和高中地理教科書四年，因文筆流利，圖文並茂，結構嚴謹，深入淺出，受到學術界及學生的喜愛購讀，極受歡迎暢銷。

　　因為他的優秀表現，受到恩師柳詒徵的注意與欣賞器重，極力推薦吸納他回到母校中央大學任教，由講師而副教授到教授，前後約近十年（十六年七月至二十五年七月）。

　　由於張其昀在大學時期受到史學大師柳翼謀與地學大師竺可楨的啟發薰陶和訓練，使他特別注重史地學的融合運用關連；加上他當然極為知悉中華第一位大史學家、二十五正史排名第一史的《史記》作者司馬遷，寫

作的閱讀群書參考資料及利用皇上史官身份，陪同或自身遊歷過當時西漢的大部分土地疆域，其「未至者，朝鮮、河西、嶺南諸初郡耳。」[1]此亦即後代所謂的「讀萬卷書，行萬里路。」[2]

　　張其昀因此在中央大學執教任內，時常作地理實際考察，前後最要緊而得到注目欣賞器重的有三次：一為民國二十年六月至八月，為期五十五天的東北旅行，帶領學生李鹿苹（曾任中央氣象局主秘，來台後任局長，後辭職轉任台大地理系主任）、李玉林、沙燦等六位到東北地理考察。[3]去程由上海搭船直抵遼寧營口港，考察安東鳳城、瀋陽、長春、吉林等地，回程由陸路歸來，並先後發表〈東三省之考察〉、〈東北之氣候〉、〈東北之黃渤二海〉、〈熱河省形勢論〉、〈榆關攬勝〉等論文寫作。二、於民國二十三年三月二十四日至五月七日的家鄉浙江省旅行，同行的有任美鍔（後來也成為地理教授學者）等兩位門生弟子；遊遍浙省天臺山、雁蕩山、天目山、金華、永康、蘭亭、禹陵、普陀山等山海風景名勝古跡

---

1 王國維，〈太史公行年考〉、《觀堂集林》卷一；梁任公〈要籍（史記）解題及其讀法〉、《史地學報》二卷 7 號，頁 2

2 鄭鶴聲（1933），《司馬遷年譜》，商務，頁 39；阮芝生〈太史公怎樣收集和處理史料〉、《書目季刊》，七卷 4 期；潘重規《史記導論》〈史記材料來源〉；並請參閱廖忠俊（2015）《史記漢書概說》，頁 32，「司馬遷遊歷行蹤示意圖」。

3 張其昀（1931），〈東北地理考察團經過情形〉，《地理雜誌》四卷 5 期。

之史地考察。三為西北旅行，時間自二十三年九月十日至二十四年八月六日，幾達一年之久；同行的有畢業生任美鍔、李玉林等三位。以蘭州為中心，東北至寧夏（內）蒙古及綏遠北部，西北沿河西走廊至甘肅與新疆約交界處的敦煌，東南越秦嶺至漢中，西南至青海湖及甘肅西南隅的喇嘛寺。[4]旅途期間，應甘肅省政府邀請演講〈甘肅省利病書〉；應青海省邀請主講〈青海省之山川人物〉；返回南京後，又應資源委員會（由著名地質、地形學家翁文灝任主委；翁曾任中國地理學會第一任會長，繼丁文江為中國地質調查所第二任所長，中研院地質所所長、教育部長、行憲後首任行政院長）之邀請，演講〈甘、寧、青三省之資源〉；又撰有分省考察報告與追述見聞，於〈方志月刊〉、〈地理學報〉等刊物發表。上述論文演講與考察報告刊登後，受到丁文江（北大地質系教授、中研院總幹事）、竺可楨、蔣百里（方震，1882-1938，留學日、德，國防地理學家，曾任保定官校校長、陸軍大學校長，陸軍上將）、胡適等專家學者之留意與重視；民國二十四年，中央研究院成立第一屆評議會，評議員由全國國立大學校長選舉產生，張其昀當時年僅 35 歲，為當選第一屆評議員中最年輕且未曾出國的

---

4 張其昀，〈西北旅行記〉，《張其昀先生文集》，第 3 冊，地理類。任美鍔（1999），〈學貫史地萬世師表的張曉峯師〉，《張其昀先生百年紀念文集》，頁 189（浙江省考察）~190（西北考察）。

一位，後又連任四屆。

張其昀博識多見，是當時國內外時事在報章雜誌輿論界的中堅出名人士，其宏文大論受知遇於陳布雷（1890-1948，浙江人，蔣中正領袖之文筆幕僚長，長期侍從，追隨左右），進而為最高當局所器重進用。

此段時期，張其昀除了上述地理考察旅行以外，有特別注意到國家國防戰略問題及中華都城史的研究論述，如〈南宋都城之杭州〉、〈杭州西湖風景史〉、〈金陵〔南京〕史勢之鳥瞰〉、〈明清間金陵之都市生活〉等史地專博興趣論文，發表於〈史地學報〉、〈東方雜誌〉、〈史學雜誌〉等著名刊物上。

民國二十五年四月，張其昀在南高、東南大學主修地理學的恩師竺可楨（1890-1974，浙江人，留學美國伊利諾大學，獲哈佛大學博士，專治地理學氣象學；民國十年起任南高、東南大學地理系主任；十八年為中央研究院氣象研究所所長，二十五年四月，出任浙江大學校長；三十七年三月，當選中研院第一屆院士）接任浙大校長，延聘昔日門下弟子張其昀從南京中央大學回到家鄉杭州浙江大學任教，並創立中國第一所史地系且兼任新創立的史地學系主任至民國三十八年四月，長跨十四年（其間，於民國二十八年八月至三十八年四月，又兼任浙大史地研究所所長、史地教育研究室主任；三十年一月至三十二年二月兼任訓導長；後受邀請至美國哈佛

大學研究暨講學兩年）。[5]

　　話說約同時的民國二十五年春，正在北大擔任文學院長的著名學者胡適之，來函附寄聘書，邀請張其昀教授至北大創立地理系，因竺可楨校長的師命難違，只能選浙大，而未能應胡先生之禮聘到北大，乃專函回覆胡院長申謝並致歉。[6]因而張其昀先生沒有成為「北大」教授，此亦人生難說之個人命運因緣際會。

　　民國二十六年，七七盧溝橋事變爆發，戰爭局勢急變擴大，浙大自二十六年（1937）十一月十一日開始撤離杭州，初遷浙江建德，再遷江西吉安與泰和，三遷廣西宜山，最後四遷貴州北部遵義與湄潭，至抗戰勝利結束，復回杭州。幾度辛勞流離顛沛遷校，張氏無役不與。浙大在宜山期間，於二十八年七月底奉教育部命令成立史地學部研究所，張氏以史地學系主任兼任部主任，下分史學、地學二組。同年八月又奉部令在史地系設立史地教育研究室，從事於史地教育之研究編纂等工作，研究室主任亦由張氏兼任。

　　此時期的浙大史地系所實際包含了四個單位：文學院的「史地系」，師範學院的「史地系」，「史地研究所」和「史地教育研究室」，都是奉部令陸續成立的，而由張

5　張其昀，〈我與浙大史地系〉，〈國立浙江大學史地系成立二十五週年紀念集序〉，分載於《張其昀先生文集》（共二十五冊）第 10 冊與第 20 冊。
6　張其昀（1962），〈敬悼胡適之先生〉，《民族晚報》，51 年 2 月 28 日；《中國一周》，619 期，51 年 3 月。

其昀一人兼任四單位的主任，因此經費比較充裕，教授人數亦較多，有竺可楨（地理氣象）、錢穆、張蔭麟（史學）、沙學浚（地理）等名師雲集，皆一時之選。

民國二十九年二月，浙大全部遷至黔北之遵義與湄潭，文學院與師範學院的文科各系均設在遵義。張其昀聲望日隆，被遴選為第二、三、四屆國民參政會參政員，與議國事，知無不言，言無不盡，聲名大起，見知於蔣中正委員長，並且為制憲國民大會代表，後又任第一屆國大代表，是為張氏問政之始。二十九年三月下旬前往重慶，與陳布雷懇談文化宣傳與青年思想等要題，三十年八月，與梅光迪、錢穆、謝幼偉、張蔭麟諸教授創辦「思想與時代」月刊，內容包含文學、教育、史地、哲學、政治等，而特重時代思潮與國族復興，多為通論之作，要言不繁，深入淺出。陳布雷閱讀初印本後，頗有「篇篇精湛，甚為可喜」之讚譽；十月，蔣委員長對張其昀所撰《中國歷代教育家史略》，甚為激賞獎勵，特為專輯小冊印行，並親簽書眉。十二月初，蔣委員長約見張氏，請其編撰《中國歷代軍事史略》一書。《中國歷代軍事史略》於民國三十三年（1944）由重慶正中書局出版。來臺後，又於民國四十五年重加審訂，列入「國民基本知識叢書」，重印刊行。

民國三十二年（1943），美國國務院向我國六大學邀請教授各一人，樂意應邀者有「西南聯大」金岳霖、「雲南大學」費孝通等赴美訪問並講學，張其昀也以浙大教

授身分於 6 月出國，留美兩年餘，在哈佛大學致力於地略學的研究，並做多次旅行訪察，會晤美國地理學大師，如鮑曼（Bowman）博士等，對西洋史學大師名著亦所向心，如英國曲維揚（Trevelyan）之歷史著作學說，心嚮往之。

張其昀一直認為史學家應具備文學素養，所謂「文史合一」，他又認為歷史之價值及其裨益人群社會也許較文學為大，欲了解一國之事，必先知其歷史，而歷史實為現代教育的基本必讀課程，一般公民均應修習之。

民國三十三年三月二十九日，張其昀經美國務院之推薦介紹，赴 Annapolis（Maryland）參觀美國海軍軍官學校，他此行主要目的在拜訪他敬仰已久、以歷史地理為基礎的《海權論》作者馬漢（A.T Mahan 1840-1914）紀念圖書館；同年十月十六日，張其昀又南遊訪問美國第三任總統哲斐遜的故居山莊[7]。民國三十四年八月抗戰勝利，他結束在美國兩年的研究講學訪問，回到已經復員的國立浙江大學，仍然擔任史學系和史地研究所主任，三十五年一月，接替梅光迪為文學院院長。

---

7 張其昀，〈訪哲斐遜總統山莊故居〉，《張其昀先生文集》，第 9 冊，史學類七。

第三章　歷任要職功績卓著

　　張其昀（曉峯）先生於民國三十五年，以社會賢達身分被遴選為制憲國民大會代表，後又為第一屆國民大會代表，[1]並為第一屆第二次至第六次大會的主席團主席。民國三十七年七月擔任行憲後的第一屆考試委員至三十九年三月。三十八年五月，奉執政黨蔣中正總裁諭命，渡海來台，擔任總裁辦公室第六組組長至三十九年三月，三十九年三月至同年八月，兼任中央宣傳部長。三十九年八月至四十一年十月，擔任執政黨中央改造委員會委員兼秘書長；四十一年十月，中央改造委員會階段任務完成，改稱中央委員會，又任此中委會的秘書長至四十三年五月底。期間，從四十一年十月起，兼任總統府顧問（至六十九年三月。六十九年三月至七十四年八月，又被敦聘為總統府資政），及四十三年二月（至七十四年八月）擔任第一屆國大代表主席團主席。

　　民國四十三年六月至四十七年七月，擔任行政院政

1　董翔飛，《中華民國選舉概況》，〈國大代表選舉〉，中央選舉委員會編印。

務委員兼教育部長；四十七年八月至四十九年六月，任陽明山革命實踐研究院主任。四十八年四月至六十一年九月，更任陽明山國防研究院主任。（以上兩院院長由蔣中正總統兼領）。

　　長期歷任上述多項重要職位且表現甚佳而功績卓著，在我國現代史上，大概無人出其右。（也許，老總統刻意而專心一意栽培成就其哲嗣蔣經國先生，及經國先生一手提攜拉拔的李煥錫俊先生，堪可比擬）。

　　然則，張其昀曉峯先生「視富貴如浮雲」，他至少有三次強調說道，並不重視及炫耀黨政履歷，而只謙沖表示他最在意而想留在人生履歷表上，就是三項願望，他說：

> 我不需要很長的履歷，如要本人提供資料，希望引用下面三句話：
> 1. 華岡學府的創辦人。
> 2. 中華五千年史的著作人。
> 3. 全神教的信仰者。[2]

　　張其昀是享譽學術界的史地學者政略家，書生報國，

---

2 張其昀，〈七十自述〉，《張其昀先生文集》，頁 5190；民國七十二年榮獲嚴前總統頒授「行政院文化獎」答謝詞，《張其昀先生文集》，第 9 冊，史學類七；鄭貞銘、丁士軒《百年大師（二之 2）》，頁 87。

他念茲在茲的終身志業在史地及文化教育，他不汲汲於
名利；他一直在做大事，絕少涉及談到做大官政事。

他的至交好友，也是「華岡教授」的著名歷史學家
錢穆在為《張其昀先生文集》（凡二十五冊）寫序提到：

古人曾以立德立功立言為人生三不朽，曉峯之立
德，當猶在人心，但難以一一詳述；其立功即就
創建文化大學一校言，規模已甚廣大，亦可傳遞
不竭；立言則見此集。余之生平，從未踏上政治
一步。政府遷移來臺，余則留滯香港，幾乎每年
必來。但政府中人，最所常見者厥惟曉峯一人。
余知曉峯極得故總統蔣公之重視，然曉峯終不與
余一言及此，曉峯每遇余，向不語及實際政事。
其長教部有年，每相見亦從不涉及當時國內教育
事件。其在陽明山主持國防研究院，邀余作長期
演講，亦從不涉及當時之國事。余乃一書生，每
見曉峯，亦惟感其始終同為一書生而止。蓋余之
於曉峯，在台晤面數十次，亦始終為書生之相敍，
始終未有他及也。抑余又有言者，曉峯為人，似
從不肯自居為一人上人。其從政，其得蔣公之深
知有如此；其為人克己復禮，奉公守職，從不似
一長官以居高位當大任自負。[3]

---

3 〈錢（穆）序〉，《張其昀先生文集》，第一冊，頁 1-2。

　　張其昀在中央大學及國防研究院的學生，擔任過中華日報社與中央通訊社長的新聞界名人曹聖芬先生也說道：

> 我沒有問過曉峯先生的政治抱負。他作大學教授，著書立說，修己教人，受同輩尊重，學生敬愛，何等快樂。以我推測，曉峯先生如能從其所好，他很可能以教育為其終身事業。他對於政治當然有遠大的理想，而且有以天下為己任的氣概。政府如有重要的責任交給他，他一定會當仁不讓的。但他不是一個功名之士，他不汲汲於名利。[4]

　　張其昀曉峯先生是制憲國民大會代表，又是第一屆國民大會代表暨國民大會主席團主席，德望極高，且對國家民主憲政，影響深遠。曾任國大代表，也是文化大學台北市校友會會長暨華岡教授的洪東興先生，親臨教益而感佩提及：

> 曉峯先生是以浙江大學史地學系主任、文學院長的身分所選出第一屆國民大會教員團體代表。第

―――――――――――――

4 曹聖芬，〈獨立特行的張曉峯先生〉，《張其昀先生百年誕辰紀念文集》，頁 331-332。

一屆國民大會第二次會議，於民國四十三年二月十九日在台北市中山堂召開。曉峯先生當選主席團主席一直連任第二、三、四、五、六次會議的主席（每六年大會期間選舉一次），徵見曉峯先生在國民大會代表中的德高望重。曉峯先生從制憲國民大會到行憲國民大會，當選代表，擔任主席團主席，參加歷次會議及臨時會，在國民大會中，對國家憲政所做的貢獻，其影響是極深遠的。[5]

民國三十八年元月二十一日，因國內局勢惡化劇變，蔣中正總統宣布引退，並發表引退宣言，旋即乘專機離開南京飛往杭州，轉赴奉化，二十二日抵達家鄉溪口。二月，蔣經國在王昇（一九一五－二〇〇六，字化行，江西人，陸官十六期畢業，二級上將），陪同下到張其昀府上轉達蔣公約見口諭，張其昀隨即趕赴溪口謁見。三月張其昀又二度赴溪口，三十一日與四月一日兩次晉見蔣公。張其昀前後赴溪口三度晉見以地理學家政治戰略家觀點，向約詢的蔣總裁報告，建請中央政府播遷臺灣，理由是：臺灣位於太平洋西緣，對內是海防屏障，對外面向太平洋，更是亞洲大陸南北島鏈的樞紐，扼西太平洋航道，與美國的遠東戰略地位極為重要而關聯；臺灣

---

5 洪東興，〈張代表其昀先生與國民大會〉，《張其昀博士的生活和思想》，頁 1477 與頁 1485。

物產豐富，主要農產品軍民主食稻米一年兩熟，南部更可三產，糧食等農產品基本可滿足軍民所需；基礎建設良好，鐵公路運輸尚稱便利，高雄與基隆兩港天然設施優良，軍事備戰上有台灣海峽與大陸相隔，南北有中央山脈貫穿聳立，易於防守。[6]

同年七月一日，蔣總裁辦公室在台北陽明山成立辦公室；十二月七日，中央政府決定播遷臺北；十日，蔣總裁自成都飛返臺北。

先是，三十八年四月二十三日，國軍撤離南京；四月二十七日，杭州淪陷，張其昀在《六十自述》中提到：「我在杭州失陷前三天，忍痛離校，取道廣州，渡海來台。」

三十八年四月二十四日，張其昀一生永難忘懷，不會忘記的一天，他離開家鄉杭州前，先去拜見恩師浙江大學校長竺可楨，由竺校長協助取得二十四日最後一班火車票，搭滬杭鐵路到上海；後由留駐上海協助教育界重要人物的教育部長程天放先生安排，於二十七日以考試委員身份搭機飛到中央辦公處所廣州，於此與執政黨秘書長鄭彥棻晤面，並接奉蔣總裁諭命飛往臺北接任新的職務，五月六日，張其昀渡海抵達臺北。

三十八年（1949）七月一日，設立蔣中正總裁辦公室，內分九組，張其昀為第六組組長（三十八年七月一

---

6 劉廣英，《俯仰—民國政略家張其昀》，頁 354-355。

日至三十九年三月）。

同年七月十日，蔣總裁應菲律賓總統季里諾的邀請，前往碧瑤，商討如何發動組織「遠東國家聯盟」，以防止共產黨赤禍的漫延，定立遠東永久和平的基礎，八月六日，再應韓國總統李承晚的邀請，前往鎮海軍港，商談遠東聯盟計畫，他都是主要隨員之一。事後，他曾以「碧瑤記行」與「鎮海記行」記述其事。[7]

此時的張其昀，是以蔣總裁辦公室秘書組長高級參謀幕僚隨侍在側，又是以史地學者國家政治戰略家之國士身份獻策，隱然已成為蔣先生身邊最紅而貼身的「陳布雷（1890.12～1948.11）第二」了。

張其昀的一生勤治史地聞名，此刻，既來到臺灣海島，他即注意關心臺灣，以史地學家的身份，於民國三十九年二月八日，在「中央日報」用歷史地理學文化層研究方法，將臺灣文化史蹟分為九個時期：

> 一、澎湖期：宋代泉州對外通港全盛距澎湖最近，明天啟年間，顏思齊來臺灣北港。二、安平期：新大陸發現，西方海權興起，葡、西、荷蘭東來，荷蘭於 1624-1662 據臺三十八年。三、台南期：鄭成功起義，謀反清復明，以兵力迫荷蘭人離臺出境。四、鹿港期：康熙二十二年（1683），施琅

---

7 吳相湘，《民國百人傳》第四冊，頁 324。

來台，翌年置台灣府（三縣），臺灣史地發展由南向北，鹿港居其中。五、淡水期：咸豐十年（1860），淡水開港，「一府二鹿三艋舺」。六、台北期：光緒元年（1875），臺北建府，台灣北部富庶漸超越南部。七、臺中期：光緒十一年（1885）宣布台灣行省，劉銘傳為台灣省巡撫，主張設省會於台中。八、基隆期：甲午戰爭馬關條約（1894—1895），割讓台灣，基隆距長崎海港最近，為商旅往來要道。九、高雄期：鳳山、左營、岡山陸海空軍炬火光明照耀，高雄市港合一，工廠林立，工業海運發達[8]。

三十九年三月一日，蔣中正總統復行視事。

同年七月二十六日，蔣總統兼執政黨總裁，遴派陳誠、張其昀、張道藩、谷正綱、鄭彥棻、陳雪屏、袁守謙、谷鳳翔、曾虛白、蔣經國、沈昌煥，郭澄、連震東、胡建中、崔書琴、蕭自誠等十六位為中央改造委員；八月五日，中央改造委員會成立（三十九年八月至四十一年十月；四十一年改稱中央委員會）；張其昀為委員兼秘書長，蔣經國為幹部訓練委員會兼任主委。

張其昀以書生從政報國，極為注意文化教育出版事

---

8 張其昀，〈以歷史地理學分台灣九期文化層〉，《張其昀先生文集》第四冊，史學類一。

業，於民國四十一年元月中旬舉行「中華文化出版事業委員會」籌備會，會中推程天放教育部長、陳雪屏教育廳長、王雲五、劉季洪、張道藩、蕭自誠、崔琴書與張其昀等人為委員。元月卅一日舉行首次會議，推張其昀、程天放、陳雪屏為常務委員。由張其昀出來領導，綜合學術界通力合作出版中華文化基本叢書定名為「現代國民基本知識叢書」，先後出版叢書至第七輯，每輯壹百冊（第七輯只出到十九冊），該委員會後來改組為「中華文化出版事業社」，上述書籍邀請各大學教授與研究機構學者撰寫。第一輯有：董顯光著《蔣總統傳》，張致遠編《史學講話》與《西洋通史》，張蔭麟著《中國上古史綱》，蕭一山著《清史》，張其昀著《中華民國創立史》，方豪著《中西交通史》，孫宕越著《地理學講話》，浦薛鳳著《西洋近代政治思潮》。第二輯有：張其昀著《中華民國史綱》，李宗侗著《中國史學史》，蕭公權著《中國政治思想史》，方豪著《宋史》等。第三輯有；李熙謀主編《中華民國科學誌》，吳俊升等著《中華民國教育誌》，張其昀等著《中華民國大學誌》。第四輯有：黎東方著《中國上古史八論》與《先秦史》，傳樂成著《隋唐五代史》，張其昀著《中國軍事史略》，余又蓀著《日本史》，吳俊才著《東南亞史》。第五輯有：黃正銘等著《中國外交史論集》，張其昀著《中國區域志》，龍冠海譯《世界人口與資源》等。第六輯有：蔣復璁著《圖書與圖書館》，張其昀著《孔子學說與現代文化》，戴粹倫著《中

國音樂史論集》等。

張其昀把「文化沙漠」變成綠洲，而發芽茁壯至開花結果，功不可沒。

民國四十三年六月，張其昀出任行政院政務委員兼教育部長，至四十七年七月，前後在職四年餘，排除困難，創設良多，奉獻廣大，影響深遠。

其間，主要建樹貢獻有出版《中國文化季刊》、創設「南海學園」、恢復大陸時期原有名校暨創立新學校等。

張部長在教育部內成立「中國文化研究所」，出版英文《中國文化季刊》（ *Chinese Culture，A Quarterly Review* ），為純學術期刊，登出文、史、地、哲學論文著作及書評。英文《中國文化季刊》創辦之初的編委會主委是張部長，編輯委員有張慶楨、張貴永、張隆延、程其保、方豪等人；顧問有陳之邁、張道藩、林語堂、蔣夢麟、郭秉文、董顯光、吳經熊、胡適、李濟、羅香林、沈剛伯、王寵惠、楊聯陞與姚從吾等人，皆為一時之選的國內外文化教育學術界專家學者領袖菁英。第一卷第一期於民國四十六年（1957）七月出版；（民國四十八年四月，張其昀接陽明山「國防研究院」主任；五十一年創辦文化學院暨五十五年十月創設「中華學術院」，原先《中國文化季刊》改由「中華學術院」承接主辦，院長張其昀自兼此季刊委員會主委，常任委員有查良鑑、張寶樹、胡品清、林本、孫宕越、吳經熊、薛光前、曹文彥、黎東方等），此英文期刊一直出版發行至第四十卷二

期（1999 年 2 月）為止，歷經四十二年之久，出刊發行悠久，影響深廣。

張其昀是民國三十五年的制憲國民大會代表及第一屆國民大會代表主席團主席，所以，他當然知悉而且會很重視實行憲法第一六三條：「國家應注重教育之均衡發展，並推行社會教育，以提高一般國民之文化水準」，及第一六六條：「國家應獎勵科學之發明與創造，並保護有關歷史、文化、藝術之古蹟、古物。」

因此，他一當上教育部長，即刻在南海路恢復新建社會教育機構中央圖書館、教育資料館、科學館、歷史博物館、藝術館及「獻堂館」（林獻堂，灌園先生，1881-1956，台灣台中霧峰林家園邸主人），結合台灣基隆顏家、板橋林家、鹿港辜家、高雄陳家等五大家族富紳，出資創立「台中中學」（後今台中一中），一生從事台灣民族運動，開創風氣的風雲領導人物，貢獻頗為廣大深遠，足令後人感佩尊仰。[9]

茲僅簡介當時的「南海學園」各館如下：

中央圖書館：教育部張部長於四十三年八月恢復開館。

教育資料館：與台灣科學館在同一大樓之五至九

---

9 敬請參閱廖忠俊，〈台中霧峰林家及其邸園兼述台中一中之創立〉，《台灣風雲家族人物》，2014 年 2 月初版，2021 年 3 月修訂版。

層空間。

台灣科學館：與教育資料館配合，在一至四層。

歷史博物館：四十五年三月成立，相對於當時仍在台中霧峰的故宮博物院。

台灣藝術館：四十六年四月成立，原為配合教育部在四十五年新創立之國立藝術學校實習場所，為美術、音樂、舞蹈、戲劇、電影之藝術活動中心。

獻堂館：四十六年（1957）十月二十五日光復節，獻堂灌園先生家族好友為追思紀念他，而集資當時台幣 100 萬元捐獻給教育部建立此館落成。

「南海學園」六大館，建蓋紅牆綠瓦，古色古香，美侖美奐，富含中華文化教育藝術建築風味，足以推行社教，提高國民歷史文化藝術水準；又與旁邊南海路花木扶疏植物園比鄰，使一般師生與人民大眾耳目一新，心智大開，既可充實文教藝術又可運動保健身體，散步調解心情，能讀書又散心，左右逢源，相得益彰而有一舉兩得之樂趣功效。

張其昀部長恢復建蓋「南海學園」的雄心剛毅與魄力，令人感佩追念，他當國防研究院主任時代的副主任劉安祺上將（黃埔三期，陸軍總司令，三軍大學校長）在傳記訪談紀錄上讚佩：

> 我對曉峯先生非常佩服，因為它從無到有，中央
> 圖書館、教育資料館廣播電台、歷史博物館等，
> 創辦規劃出南海學園一大片空間，那個教育部長
> 做的事有他多？[10]

在國際文教方面，張氏於民國四十三年（1954）年底，在美國紐約成立「教育部在美教育文化事業顧問委員會」，請梅貽琦任主任委員，胡適、郭秉文、于斌、陳立夫、顧毓琇、程其保、何浩若等人為委員，加強與美國之文化交流。民國四十六年（1957）夏天，教育部分別在美國、法國與日本設立文化參事處，分由曹文彥、孫宕越與宋越倫任首任參事。在紐約的教育部顧問會亦遷往華府與文參處合署辦公，改由郭秉文任主委。至此我國與歐美日本各國文化、教育、升學等方面之交流與合作逐漸加強。

張其昀在教育部長任內，對高等教育大專院校的恢復創設更是不遺餘力，雄心壯志，卓越領導，奉獻廣大，影響深遠；他任內至少恢復大陸時期名校來台復校暨在台灣創設改制者，約有 12 所大學專科學校（復校 5 所，改制正名 2 所，新設 5 所）

1. 東吳大學（法學院），四十三年七月二十九日奉部令核准在台復校，為台灣第一所私立大學，五十

---

10 張玉法、陳存恭訪問，《劉安祺先生訪問紀錄》，頁 222。

八年十二月又奉部令改制，稱名東吳大學。[11]

2.政治大學於民國四十三年十一月二十四日在台復校。[12]

3.師範學院於四十四年六月改制為師範大學。[13]

4.新設東海大學於四十四年秋季。

5.中原大學四十四年十月新設成立。

6.清華大學於四十四年十二月在臺復校。

7.台南工學院於四十五年升格為省立成功大學（六十年八月改制國立成功大學）。

8.臺灣藝術專科學校於四十五年秋季新設成立。

9.交通大學於四十六年秋季在台復校。

10.銘傳商專於四十六年九月新設成立。

11.實踐家專於四十七年三月二十六日創辦成立。[14]

12.中央大學於四十七年七月在臺復校。

---

11 《東吳大學在臺復校的發展》，頁 574，〈大事記〉。張其昀〈東吳精神〉，以部長身分於民國四十六年十一月十六日，受東吳大學王寵惠董事長之邀請，蒞臨東吳大學演講，參見《張其昀博士的生活和思想》，頁 476。

12 張其昀，〈國立政治大學在台復校之經過〉，《張其昀先生文集》，第 17 冊，頁 8811，文教類；邱創煥，〈器識宏遠堅毅仁慈的偉人張曉峯先生〉，《張其昀先生百年誕辰紀念文集》，頁 338。

13 劉真（字白如，師大校長），〈對曉峯先生的永久感念〉，《張其昀先生百年誕辰紀念文集》，頁 323。

14 謝東閔，《歸返：我家和我的故事》，頁 267，〈創辦實踐家專〉。

　　因此，在張其昀教育部長任內，大學專科學校林立，高等教育人才輩出；又於大學廣設研究所碩士班、博士班，使大學部畢業生在國內有繼續深造的機會與光明前途。

　　民國四十七年七月行政院內閣改組，張其昀由教育部轉任革命實踐研究院主任，同年底奉最高當局諭命籌備國防研究院。在蔣中正總統兼院長親自領導下，調訓全國黨、政、軍、文教、社會高級幹部，施以「總體政治戰略」教育。四十八年春專任國防研究院主任，該院是國家政略研究機構，合研究、教育與訓練三者於一爐，選訓高級文武官員，每期八至十個月。學術系統分政治、經濟、文化、軍事與敵情等五組與五個研究所，負教育與研究之職責。至六十一年九月，共十四年之久。辦了十二期，凡受訓者多肩負國家重責大任，張其昀曉峯先生以敬業精神，輔弼蔣總統，而主持其事對國家前途之影響至為深遠廣大。於擔任國防研究院主任期間，在民國五十五年奉兼院長蔣總統之命，組韓、日、美、加四國訪問團，他任團長，劉安祺為副團長，團員有徐培根、張慶楨、羅時實、楊家麟、瞿韶華、項迺光等人，於是年六月十二日出發，以美國為重點，考察國防教育為主，借作改進該院教育之參考，八月十四日返國，出訪兩個月餘。

　　國防研究院前九期來受訓的研究學員有連震東、沈錡、張寶樹、孫運璿、高信、魏汝霖、胡宗南等（第一

期），戴仲玉、張希哲、張宗良、張國英、薛毓麒、毛松年、趙聚鈺、潘振球、王多年、羅揚鞭、王任遠等（第二期），上官業佑、胡璉、劉玉章、劉闊才、劉廣凱、瞿韶華、查良鑑等（第三期），趙自齊、梅可望、劉達人、徐慶鐘、劉真、謝東閔、宋晞、王昇、宋長志、沈之岳等（第四期），何宜武、陸民仁、李國鼎、鍾皎光、姚淇清、羅列、胡佛、郭驥等（第五期），馬樹禮、邵學錕、辜振甫、曹聖芬、王成聖、周中鋒、王一飛、吳輝生等（第六期），吳俊才、蔡鴻文、許金德、陶聲洋、蔣彥士、張建邦、阮成章等（第七期），戴炎輝、邵毓麟、夏功權、張繼正、俞國華等（第八期），高銘輝、鍾時益、李興唐、方賢齊、武冠雄等（第九期）；可說把全國黨、政、軍、警、國會省議會民意代表、大學校長、董事長暨學者教授、外交官、財經決策專家等，幾乎全部羅致到陽明山國防研究院來集訓。[15]

很多研究學員來院受過國家「總體政治戰略」的優質研究訓練，後來多當上了國家政要，如：副總統（謝東閔）、院長級人物（孫運璿、李煥、俞國華行政院長，劉闊才立法院長，戴炎輝司法院長等），部長、總司令、台灣省議長（謝東閔、蔡鴻文）等，可見張其昀（曉峯）主任深受總統兼院長的知人之深，受託之重；亦可知張其昀先生所受的特達恩遇而人脈廣大，春風化雨學員而

---

15 國防研究院，《國防研究院十週年概況》，頁 341-393。

弟子滿天下。

　　當年國防研究院的學員魏汝霖將軍說：「張曉峯先生是史地學家、教育家，更是國防軍事學家，蔣公有知人之明，否則不會許以主持國防研究院十餘年之久；當今政要，多曾受國防教育於曉峯先生」。[16]

　　當時擔任國防研究院指導委員兼講師的鄭彥棻先生（後來曾任僑委會委員長、總統府秘書長）也感佩說：「在我認識的朋友中，用人結網最寬最多的，曉峯兄是其中最突出的一人」。[17]

16　魏汝霖，〈我所知道的張其昀先生〉，《張其昀先生紀念文集》頁 211。
17　鄭彥棻，〈紀念與張其昀曉峯兄四十餘年不平凡之交〉，《張其昀先生紀念文集》，頁 16。

第四章　張其昀先生晚年三項願望

張其昀曉峯先生於晚年時期，至少有三次公開發表談話，提及他的三項願望。

民國六十年四月二十日，張其昀先生發表一篇〈七十自述〉，其中有一段話：我不需要很長的履歷，如要本人提供資料，希能引用下面三句話：1. 華岡學府的創辦人。2. 中華五千年史的著作者。3. 全神教的信仰者。[1]

華岡學園即中國文化大學之創設，負有作育人才之任務。其教育宗旨，即為「承東西之道統，集中外之精華」，使通才與專才並重，理論與實用融合。

《中華五千年史》之著述宗旨為闡述孔儒學說、中華文化歷史；所謂「究天人之際，通古今之變，成一家之言。」內容有史學、哲學、文學，納事實、思想、文采於一編，期能成為中華文化之一寶藏。

宗教是學術研究的最高境界和最後目的，全神教是

---

1 張其昀，〈七十自述〉，《張其昀先生文集》。

想綜合全世界人類各大宗教的精華結晶，以孔教學說為中心，並行並育，不主一教，而包含各教，以期為世界大同，真正的和平與繁榮。

　　民國六十八年十二月，當時的蔣經國總統莅臨張曉峯先生府第拜訪，不意曉峯先生像平時一樣，在華岡文化大學上班，適巧不遇而未蒙獲晤談。張氏隨即立刻寫信〈上蔣總統書〉。[2]

　　　　總統賜鑒：日昨承蒙

　　　　駕臨敝舍，不勝感激之至，因身在華岡，未獲晤談。念鈞座統率全民，國務辛勞，未敢造次奉訪，敬以函陳，期答厚誼。約九年以前，昀曾發表〈七十自述〉一文，謂今後欲完成三項志願：（一）中華五千年史之撰述。（二）華岡學園之創辦。（三）全神教之倡導。

　　　　近年以來，昀摒除一切雜務，不赴宴，不演講，不證婚，集中精神，足跡不出華岡，作規律之生活，冀能有較充裕之時間，次第完成生平三項心願。……，因鈞座之關懷，故瑣瑣函陳，祈賜俯察，加以督教，至為感幸。專此，
順頌　勛安

　　　　　職張其昀敬呈
　　　　　民國六十八年十二月十八日於華岡

---

2 張其昀，〈上蔣〔經國〕總統書〉，《張其昀博士的生活與思想》，頁316-318。

民國七十二年三月，張其昀曉峯先生榮獲嚴前總統家淦先生頒贈行政院第三屆文化獎而發表〈三種願望：行政院文化獎答謝辭〉。[3]

> 十三年以前，當我七十歲時代，感於「人生七十才開始」的名言，我寫著〈七十自述〉的一篇短文。我不需要很長的履歷，如要本人提供資料，希能引用下面三句話：
>
> 1.華岡學府（中國文化大學）的創辦人。
> 2.中華五千年史的著作者。
> 3.全神教的信仰者。

一、華岡學府

華岡學府包含一體兩面的中國文化大學與中華學術院。

民國五十一年，張曉峯先生立意創辦大學（學院），決定先辦研究部，次年，大學部十五個學系奉准招生，乃易名曰中國文化學院。

---

3 張其昀，〈三種願望，行政院文化獎答謝辭〉，《張其昀先生文集》，頁 5201，史學類。

　　覓尋校地買地，需要資金花錢，此時有一位愛國好心的菲律賓華僑，義舉捐獻了當時二百萬台幣。張感動不已說道：「自從菲律賓華僑，莊萬里先生，首先一次捐助了建校經費二百萬元，使吾人信心大增，開始物色校址。」（因此文化大學內至今有一棟「菲華樓」，以追思紀念莊先生之捐獻美意功績）。

　　當時負責找地的盧毓駿名建築師（1904~1975）、林子勛先生與侯暢先生（曾任中國文化學院總務主任暨教授）在山仔后遇到侯氏昔日舊屬譚淳風，談及找地建校事，譚氏稱有約萬坪土地在山坡上，即相約去察看；於是大家一起去看了一遍，咸認此地視界開朗，氣象萬千，適合當校地。張夫子曉峯先生也實地端詳，不避荊棘，不畏毒蛇，走了一圈，問明地權、地則、地號、水電、電源等，最後再問地價，甚感滿意。校地解決了，不久就舉行破土典禮。《老子道德經》第六十四章，有言：「九層之臺，起於累土。」又俗語說：「萬丈高樓平地起」，這所大學就此建立了。[4]

　　文化學院所在地華岡，原是一大片橘子園，並無地名，亦無建築。華岡地名是張氏所創造，取義於「美哉中華，鳳鳴高岡」之意，華字最美，岡字至高而稱名「華岡」為教學研究極理想所在。

---

[4] 侯暢，〈中國文化大學校史拾穗〉，《張其昀博士的生活與思想》，下冊。劉廣英，《俯仰一民國政略家張其昀》，頁 459-461。

　　華岡與陽明山國家公園為鄰，由台北士林循仰德大道上山，到山仔后左轉進華岡路 55 號就到了，校名華表就在門口。進入中國文化大學校園，登上大義館頂樓，可以望見淡水河、觀音山、台北港，與陽明山國家公園。山巒起伏，河海交流，美景盡收眼底，令人心曠神怡，此時就更能體會華岡文大校歌，「振衣千仞岡，濯足萬里流」的胸懷心境。

　　民國六十九年，教育部以華岡興學，質樸堅毅，從無到有，成效卓著，乃核准改為中國文化大學。在改大正名前夕，張夫子寫了：「華岡十八年來，從荒煙蔓草中，建立起大學城，樓閣高臺，花樹水池，景觀壯美，沒有什麼秘訣，就是校歌所說：必有真知，方能力行。力行就是一個做字。」

　　張其昀在〈華岡十八年〉一文又寫道：「中國文化學院位於陽明山之高岡，海拔四百六十公尺，地勢超曠，後擁群峰，前眺都市、原野與海洋，山海歷歷如繪，風光美景殊勝。」

　　華岡是他魂牽夢縈地，每天走在創辦人辦公室所在大義館七樓之樓側，俯看洋溢年輕新生命學子的活潑求學神態，他不禁說：「我很快樂，看到學生，我就很欣慰高興。」

　　文化學院由教育部長朱匯森宣布自六十九年六月十一日即日起正名為大學。「中國文化大學正名改制典禮」

暨文大第一任潘維和校長就職儀式，均由張其昀創辦人兼董事長主持，於六月十三日假華岡大成館舉行，由總統府資政吳經熊博士頒授大學印信。華岡教授代表錢穆、中國文化學院歷任院長代表張宗良、各學院院長代表法學院長查良鑑諸先生亦相繼在會中致詞，校友代表蔡秋來、焦仁和等致答詞，華岡學會代表洪東興、邵佩瑜等校友向母校創辦人呈獻紀念品。該年，中國文化大學正名改大，適逢張創辦人八秩華誕，中外各界人士祝賀詩文甚多，敬仰其對國家民族、文化、教育的貢獻及其個人的道德風格，學術立言，志事功業。[5]

　　何志浩（詩人將軍，文化大學教授）因追懷感念張曉峯恩師而以四字聯句撰述〈中國文化大學頌〉，足以表達張其昀創辦文化大學的教育主旨及創校使命。茲節摘如下：陽明山上，開闢草萊。華岡文化，巍巍學府。天下勝境，教育興國。立天地心，立生民命。質樸堅毅，華岡校訓。身體力行，精益求精。朝乾夕惕，自強不息。網羅百家，囊括大典。華岡學人，建大學城。充棟圖書，作育楨榦。博學研究，名師鴻儒。思想民主，講學自由。五育並重，濟濟多士。各精所學，各盡所長。善誘循循，有教無類。日夜攻讀，近悅遠來。振衣千仞，濯足萬里。極目遠洋，俯視平原。大學明德，止於至善。中華學術，

5 潘維和，〈張創辦人創校興學的理想與實踐〉，《張其昀先生百年誕辰紀念文集》，頁 518-519。

樂育英才。高岡鳳鳴，美哉中華。民間學府，有志竟成。[6]

中華學術院成立於民國五十五年十月，創辦人兼院長為張其昀先生，院址設於台北陽明山華岡。民國五十七年十月二十六日至三十日，舉辦第一屆國際華學會議，順利圓滿成功。中華學術院共計二十個分科學會，即（一）哲學，（二）文學，（三）史學，（四）戰史，（五）美術，（六）音樂、影劇，（七）政治學，（八）經濟學，（九）法學，（十）社會學，（十一）教育學（含體育、家政學），（十二）新聞（含大眾傳播學），（十三）自然科學，（十四）地學，（十五）海洋學，（十六）工學，（十七）農學，（十八）商學，（十九）醫學，（二十）藥學。

由於「中國文化學院」與「中華學術院」的領導人皆為張創辦人曉峯兼任兩院院長，在民國六十四年元月十日，設立對文化學術有重大貢獻，譽望卓著的「華岡教授」一百多位。

其中，有錢穆、黎東方、吳相湘、楊家駱（史學）；孫宕越（地學）；潘重規、梁實秋（文學）；林語堂、曉雲法師（哲學宗教）；周道濟、梅可望（政治學）；查良鑑、姚淇清（法學）；陸民仁（經濟）；曾虛白、鄭貞銘（新聞大傳）；吳俊升、葉霞翟（教育家政）；戴運軌（自

---

6 何志浩，〈中國文化大學頌〉，《張其昀先生百年誕辰紀念文集》，頁 289。張其昀，〈華岡校訓質樸堅毅〉，〈五育（德智體群美育）並重的文化大學〉，《張其昀先生文集》第十七冊，文教類（二）。

然科學）；盧毓駿、張靜愚（建築工學）；李梅樹、孫多慈、歐豪年（美術）；申學庸、鄧昌國（音樂）及名譽會長吳經熊等「華岡教授。」[7]

二、《中華五千年史》

　　張其昀曉峯先生從民國五十年起，開始撰寫《中華五千年史》，預為三十二冊，期於晚年內完成。但因忙於政務與校務，至一九八二年冬（年已八十二歲），已出版至第九冊：即遠古、西周、春秋（前、中、後編）、戰國（前、後編）、秦代與西漢史。東漢史已寫了近半，由於年老體衰且病後虛弱，就此擱筆。

　　茲簡介此九冊如下：

　　第一冊《遠古史》：自伏羲、神農、黃帝，經唐堯、虞舜、到夏、商。每章均附有歷史地圖與文物圖片，可說圖文並茂。

　　第二冊《西周史》：自文武之政、牧野之戰、太公、周公、成康之治、共和行政、到周官、尚書、周易，至制禮、作樂。

　　第三冊《春秋史（前編）》：自東周、魯及宋曹、齊

---

7 鄭貞銘，《鄭貞銘學思錄》，頁 417-419。魏偉琦，《華岡教授羣記述》，（張其昀、吳經熊、黎東方、查良鑑、戴運軌、曾虛白、潘重規、孫宕越、鄧昌國等），1978 年。

及衛燕、晉與秦、鄭與陳蔡、楚國、吳越，以至管子、老子等。

第四冊《春秋史（中編）》：論述孔子的世系、師承、生平、遊跡、生活、著述與論道德。

第五冊《春秋史（後編）——孔學今義》：為儒家孔子學說現代化之解釋、引申與發揚，使孔學大行於世。

第六冊《戰國史（前編）》：引論與〈衰落中的周室〉外，對魏、韓、趙、燕、齊、楚、秦等七國敘述，再論戰國的政治、經濟、社會、文化等。

第七冊《戰國史（後編）——戰國學術》：對孟子、荀子、墨家、道家、法家、名家、陰陽家、縱橫家、農家、雜家、小說家、兵家等，均有論述。

第八冊《秦代史》：以中國到秦代，首次真正統一，開始了大規模統一政府的出現；秦代是前此二千數百年之結局，亦為後此二千數百年之起點，乃五千年史之關鍵朝代。

第九冊《西漢史》：述漢高祖與文景之治、雄才大略的漢武帝、西漢後期諸帝；繼以版圖、首都、中國「史學之父」司馬遷、西漢之政治、經濟、社會、文化、儒學；開通西域、王莽禍亂等。

張其昀曉峯先生嘗說：

《中華五千年史》是一種最有興味之課題，感受

中華歷史與山川風物研究，燦然在目，好比在春花怒放的大花園欣欣向榮，研析之、欣賞之、讚嘆之。又說：這一部《中華五千年史》是一部中華的新史學，是中華歷史地理學的創造和結晶；本人孜孜為學，不知老之將至。[8]張其昀研究史學的辛勤毅力及風範成就，深值後學晚輩學習效法。

三、提倡全神教信仰

民國五十五年，張其昀曉峯先生在陽明山華岡創設「中華學術院」；邀請曉雲法師，在中華學術院創辦「佛教文化研究所」；（六十七年聘請聖嚴法師繼任「佛學研究所」所長，六十九年復敦聘星雲法師擔任「印度研究所」所長。後來，這三位法師，都各自創辦了大學：曉雲法師的「華梵大學」；星雲法師的「南華大學」、「佛光大學」及在美國的「西來大學」；聖嚴法師的「法鼓學院」），可見曉峯夫子具有知人之器識與遠大的眼光。[9]

民國六十年，華岡蓋了一座大恩館，它也可以稱為

---

8 賀忠儒，〈業師張曉峯先生對中華學術的貢獻〉，《張其昀先生百年誕辰紀念文集》，頁 453。韓光輝，〈張其昀對歷史地理學的貢獻〉，同本註 8 所揭書，頁 215。

9 李志夫，〈曉峯夫子與佛教〉，《張其昀先生百年誕辰紀念文集》，頁 553-554。

宗教館，因為佛教文化研究所、天主教學術研究所、基督教學術研究所、回教學術研究所，都分佔了一層，講學論道，修養身心，完全表示出中華文化兼容並蓄，並行不背的世界大同精神。

　　民國六十六年十二月十六日張其昀在中華學術院成立了「宗教與道德研究所」，他曾致辭說：今天我們成立了宗教與道德研究所，包含了佛教、道教、回教、天主教、基督教，以及道德重整，各研究會社，可謂集宗教之大成，也可稱為全神教。我們的目的，是結合各宗教各社會人士，捨異就同，舉行演講，從事討論，互相裨益。他並且以中華學術院院長兼所長身份主持所務，聘請各宗教界之先進，吳經熊博士，羅光主教為名譽理事；曉雲、聖嚴、成一法師、毛振翔神父、林祥光、查良鑑、劉毓棠、張亞蘭等為理事，每個月固定舉行「宗教與道德講論會」，由張曉峯親自主持。在宗教與道德講論會綱目中，曾經議論的主題有：

　　佛教：釋聖嚴「因果與因緣」，釋曉雲「今日佛教」，釋星雲「佛教的道德觀」，釋白聖「談禪」，南懷瑾「世界佛教組織與國際文化交流等」。
　　基督教：（美）周以德「基督教，人類道德與世界和平」，查良鑑「宗教道德與國家人權」等。
　　道教：高忠信「道教與中華文化」等。
　　回教：定中明「回教教義和生活──維族同胞的宗

教信仰與社會生活」等。

　　印度宗教與文化：查良釗、糜聞開、陳國寧「印度宗教與文化」等。

　　道德武裝（重整）：劉毓棠「道德重整與世界和平」等。

　　民國六十八年十二月十八日，張其昀在〈上蔣總統書〉中有一段提到全神教：「全神教」並非另創一宗教，乃以中國儒家孔教學說為中心，對世界各大宗教，融會貫通，一視同仁，達成真正信仰自由之宏旨，名之為全神教。其心量宏寬，中道而立，左右逢源，不拘守一宗教，於各大宗教之精義，兼收並蓄，容納眾流，承東西之道統，集中外之精華，潛移默化，相忘於無形，全神教是一種信心。[10]

　　星雲法師讚嘆張創辦人：

> 張創辦人曾將華岡比成一座「叢林」；在佛門，僧人聚集修行的寺院道場為「叢林」，是取其眾人在此修道，相互學習，如叢林中之樹木，隨其根性生長茁壯，這和教育的理念不謀而合，令人大讚

---

10 廖一瑾，〈張其昀先生的宗教情懷〉，〈華夏導報〉，74 年 10
　　月 15 日-18 日。

嘆張創辦人的睿智和遠見。[11]

聖嚴法師也對張曉峯先生的宗教教育感佩：

曉峯先生曾提倡「全神教」，中華學術院的「宗教研究所」是先生自己兼任所長，每月召開一次學術座談，由各宗教研究所負責人輪流報告，聖嚴本人也應邀主講，聖嚴創建法鼓山、辦佛學教育，辦法鼓大學，就是在追隨先生的教育理念。[12]

11 星雲，〈致力教育的張其昀先生〉，《張其昀先生百年誕辰紀念文集》，頁 296。
12 　聖嚴，〈曉峯先生與我〉，同上註 11 所揭書，頁 300。

第五章　結　語

張其昀為劃時代的大人物

　　綜觀張其昀曉峯先生的一生行誼，他至少有十項德行事功立言文章，永垂不朽的人格優質特點，值得後人學習效法：

　　一、自奉清儉，平淡生活：粗茶淡飯白開水，清心恬適而寡慾；淡泊自甘，樸實節儉（一直住在原龍泉街，後改稱師大路 86 巷 3 號簡陋舊宅）；清操廉潔，嚴以律己。

　　二、為人寬厚，有容乃大：儒者雅範，溫厚親切；仁愛待人，有容乃大；謙沖為懷，寬以待人；己立立人，己達達人。

　　三、提倡全神教信仰者：結合各宗教信仰，化異求同；兼容並蓄，並行不背；諸教並存，修養身心；潛移默化，量寬福大，融會貫通，真善美聖。

　　四、燃燒自我，照亮別人：積極勤奮，孜孜不息；犧牲享受，服務人群；美德善行，照亮社會。

　　五、珍惜光陰，熱愛生命：真知力行，苦幹實幹，

生活簡樸規律，快樂生活工作；善於安排，利用時間；不證婚，不做壽鋪張，不迎來送往，絕少赴宴應酬。

六、提攜後輩晚生不遺餘力：求才若渴，提拔努力上進者；禮賢下士，網羅人才菁英；取人用人長處，恕人諒人短處。（張曉峯先生既來臺，深知而力行「臺灣本土化政策」，他著述〈臺灣大儒連雅堂先生〉及在南海學園建蓋「林獻堂館」）；又在國防研究院主任內，簽呈舉報謝東閔，連震東、劉闊才、戴炎輝、邱創煥、連戰、張建邦、辜振甫、蔡鴻文、許金德、洪樵榕、張炳楠等本省籍人士給蔣總統兼院長而給予提拔高升職位。

七、器職宏達，勤學愛國受器重：張其昀先生先後受柳詒徵教授，竺可楨校長、蔣中正總統之器重而擔任中央、浙江大學史地學系著名教授，又因此受到蔣中正先生之留意器重而後擔任執政黨中央委員會祕書長、教育部長、國防研究院主任等要職，書生報國，奉獻良多，影響廣大深遠。

八、建蓋「南海學園」及大學復校、專科新校等設立事功：教育部長任內，恢復建蓋中央圖書館、教育資料館、臺灣科學館、歷史博物館、臺灣藝術館、獻堂館等「南海學園」，及全力協助東吳、政大、清大、交大、中央等大陸時期名校之復校，與改制正名師大、成大，及核准新設東海、中原大學、臺灣藝專、銘傳、實踐家專等十二所大學專科學校，對臺灣社教、高教，影響深廣。

　　九、百年樹人，功德無量：張其昀先生是一位大教育家，他創辦華岡學府（文化大學暨中華學術院），「承東西之道統，集中外之精華」，網羅大師名家，教學不厭，誨人不倦，質樸堅毅，有教無類，化育英才，桃李滿天下，興學辦學，功德無量。

　　十、著述立言，不朽大業：以史地大學問家著作等身，歷久彌新，其豐富著述，並世學人罕與其比，尤其是「中華五千年史」與「中國地理學研究」，乃名山大業，不朽成事，足以流傳後代而永垂青史。

　　以上列述十項優點特質，前六項，立德也；再三項，立功也；第十項，立言也；曉峯先生立德立功立言，三不朽兼備，實至名歸。

　　張其昀先生，真是值得學習效法的一位大人物。

第二篇　端木愷先生傳略

　　端木愷先生才識雙全，其一生多采多姿，典範長存，他是一位幹練出色的從政者、成功著名的大律師、難得公正的社會賢達暨了不起的國民外交家、傑出偉大的教育家。[1]

　　本篇分六章：一、家世與求學；二、幹練出色從政者；三、成功著名大律師；四、社會賢達國民外交家；五、偉大教育家；六、十全十美當代完人，以編年暨紀事本末體例，來記述此文史傳記事略。

---

1 劉源俊（2004），《端木愷校長紀念集》，〈序〉。

第一章　家世與求學

　　端木愷（民前九年，1903～民國七十六年，1987），姓端木，單名愷，字號鑄秋，安徽當塗人；此地距離他前半生主要求學、從政、執業律師等工作足跡所在的江蘇、上海、南京皆近臨而不遠。

　　當塗濱臨長江，有采石磯江邊之險要，又鄰近大淡水湖「魚米之鄉」巢湖與大米市蕪湖，富產宣紙宣筆的宣州及「天下第一奇山」的黃山暨其支脈九華山，其間屯溪（今稱名黃山市，產綠茶）、休寧、歙縣（徽城，清代商業中心「徽幫」所在，出產歙硯、歙墨、宣州紙、筆，譽稱「文房四寶」，為著名讀書人、教育家所推稱讚譽必備文物）、黟縣、祁門（紅茶世界聞名）、太平縣（甘棠）等地，盛產茶葉（中華十大名茶中，安徽就佔有其四：黃山毛峰、祁門紅茶、太平猴魁、六安瓜片，香茗好茶，形美、色潤、香清、味醇）；所以，安徽當塗家鄉可謂依山傍水，風光秀麗，且物產豐富而地靈人傑勝地。

　　鑄秋先生尊翁端木璜生（漁濱先生），世代書香家庭，初以教讀為志；清末，捨文就武，投筆從戎，追隨孫中山先生革命建國大業，推翻滿清帝制；民國成立後，

志節勖業積功累升為陸軍少將旅長,戍衛於南京京畿江畔浦口與安徽當塗采石之間;民二「討袁之役」後,隱居故里及上海;對日抗爭時,父子同住重慶;二十八年,漁濱先生於此陪都辭世往生。

民國四十四年四月三十日,鑄秋先生寫寄家書給在美國求學的長女儀民:

> 你祖父在清末加入辛亥革命,有所貢獻,民十以後,在廣州追隨國父孫中山先生;他以書生投筆從戎,當然志在救國,我希望你們兄弟姊妹將來有為,不負國家。[1]

鑄秋先生慈母唐氏太夫人,相夫教子,鄰里親友稱讚賢淑;民國四十五年,無病善終,謝世往生於台北寓所。蔣中正總統客氣頒贈謙稱「端木嫂唐太夫人千古」輓額致意並請秘書長張群(岳軍)先生致送轉達。[2]

端木愷先生自幼隨父遷徙居住於京滬等地,尤住上海為多,然終身以當塗為籍,飲水思源不忘桑梓,思念關愛家鄉,蓋母氏之培育教化所致。

早歲年幼初入英人傳教士所創辦之書院就讀,民八「五四運動」,北京學生「讀書不忘救國」,風潮推展擴

---

1 端木愷(1955),〈家書〉,《端木愷校長紀念集》,頁143。
2 端木偉民,〈追述先父交游〉,《端木愷校長紀念集》,頁732。

散至上海，先生「儒俠相資」參與學生救國運動並為學校代表，積極激昂奔走呼應，被迫離校，轉入澄衷中學（地處上海黃浦江畔，1900 年由企業家葉澄衷創辦，1901 年聘請蔡元培任校長；傑出校友有胡適、竺可楨、端木愷等）。

先生於中學時代，就因緣際會得識戴季陶（傳賢）、居正（覺生）、王寵惠（亮疇）等前輩先進，深得稱讚欣賞。

民國九年（1920），先生年十八歲，進入復旦大學，原本攻讀中文系，後轉社會科政治系；唯先生天資聰穎且求知若渴，乃於民國十一年，同時在上海，於白天就讀復旦之外，又入東吳大學夜間部就讀，鑽研法律；民國十四年七月，同時獲有復旦大學政治系文學士暨東吳大學法學士雙學位。

復旦大學原稱復旦公學，1905 年由著名教育家馬良（相伯）在嚴復、于右任輔佐相助而成立，先後擔任校長的有馬相伯（1905-1906，1910-1912 擔任），嚴復（1906-1907），李登輝（1913-1917，復旦公學時期；1917-1936，復旦大學時期）等。

所以，端木愷在 1920-1925 年就讀復旦大學政治系期間的校長就是李登輝先生（1873-1947），李校長是復旦大學校史上，擔任校長最長久的一位教育家，他的及門弟子學生，後來出任其他大學校長的有竺可楨（浙江大學）、羅家倫（清華、中央大學）、程天放（浙江、四

川大學)、黃季陸（四川大學）、端木愷（東吳大學），許
紹棣（國立英士大學）等；因此，李登輝被尊稱讚譽為
「大學校長的校長」。

　　1995 年 5 月，由許有成編撰，「台北市復旦校友會」
印行的《復旦大學（1905-1948）大事記》載有優秀（畢
業）校友端木愷與復旦大學的相關大事事蹟如下：

　　1922 年 12 月，復旦大學端木愷（鑄秋）代表上海
學生參加江蘇省會的演講比賽，獲第二名。〔可知先生
善於口才演講，後來執業律師，辯才無礙〕。

　　1925 年 5 月，紀念「五四運動」六周年，復旦大學
學生端木愷報告他們如何參加五四運動的經過及成立上
海學聯等情況。

　　1936 年 9 月，復旦同學會端木愷、羅家倫等設宴招
待吳南軒出掌就任校長。

　　1948 年 8 月，復旦校友端木愷、許紹棣、胡健中
等，聯名致電教育部，請挽留因學校經費困難而呈請辭
職的章益校長，教育部旋調整復旦大學的經常費及臨時
費，並核准新設系所；章校長打消辭意。[3]

---

3 許有成（1995），《復旦大學（1905－1948）大事記》，頁 20、
　26、49、77。

　　民國十一年，先生年二十歲，與安徽籍同鄉陳季蘋女士在上海結婚，夫人生於民前七年（1905 年），年十八，于歸，少先生兩歲，伉儷情深，鴻案相莊六十四年。

　　端木先生在就讀復旦大學暨東吳大學時期的民國十二年夏，因其尊翁曾追隨孫中山先生有年，乃得機緣赴廣州晉謁孫先生[4]，並得識其哲嗣孫科先生（字哲生，曾任行政、立法、考試院長、廣州特別市市長、廣東省主席及來台後之東吳大學董事長）。

　　大學畢業那年八月，先生即赴美留學哥倫比亞大學，旋因學費短缺，困窘而改入紐約大學就讀。期間，先生為籌措學費與生活費所需，曾因初識一位頗有來頭友人，其欣賞這位風度翩翩年輕上進的留學生，而介紹他到聞名世界的華爾道夫大飯店（Waldorf Astoria Hotel）擔任茶房領班（Captain）賺錢，他運用智慧、技巧與公關外交手腕，讓百餘位的美籍工作人員接受他的指導與調度，他展現出其天賦與努力的領導才華和幹練。[5]

　　現任東吳大學名譽教授，曾任八年東吳校長的劉源俊博士，在民國六十一年暑期回國執教服務前，曾寫信給端木校長自薦，頃獲端木校長惜才愛才，於七個月內致書八通，其中六十一年四月七日的信件：

---

4 〈東吳青年〉（1982），〈恭賀端木校長八秩大壽〉，第 77 期。
5 端木儀民、儷民（2003），〈我們的父親與祖母、母親〉，《傳記文學》，82 卷 6 期。

　　源俊吾兄大鑒：愷應邀來美出席一項會議，
一週內啟程，預定四月廿八日由 Atlanta 赴紐約，
乘 NA. Flight No. 468，到達時間 1410，住 Waldorf，
在紐約停留四天，盼有機會把晤一敘。闊忱不一，
順頌
　　勛安

　　　　　　　　　　弟端木愷拜啓[6]

　　端木先生既愛惜人才，也感念當年 Waldorf 解救急
需與歷練恩情。

　　「皇天不負苦心人」，民國十六年（1927）六月，端
木愷先生二十五歲，獲得紐約大學法理學博士學位（J. S.
D.）。

　　他隨即凱旋歸國，展翅高飛，全心全力投入施展其
所學抱負。

---

6 端木愷（1972），〈致劉源俊君書〉，《端木愷校長紀念集》，
　　頁 226。

第二章　幹練出色的從政者

　　端木愷先生是復旦大學社會科政治系畢業的，在回國之後，即將全心全力奉獻所學，大展身手。

　　民國十七年，在國家時局動盪，進行北伐的大時代洪流裏，應其復旦大學學長程天放，時任中央軍官團政治總教官之邀請，擔任國民革命軍軍官團政治教官。（程天放 1899-1967，上海復旦大學政治系求學，五四運動，任上海學聯會會長，端木先生時任所讀中學校代表；後來，程先生留學美國獲得政治學博士學位，回國擔任復旦大學教授；十七年，任中央軍官團政治總教官、政治部主任；十八年，出任端木先生家鄉安徽省政府委員兼教育廳長，民政廳長及至省主席；二十二年，任浙江大學校長；二十四年，外放任駐德大使，二十八年返國任四川大學校長；三十六年行憲後任立法委員，端木先生同時任立法委員；來台後，於三十九年出任教育部長。）

　　民國十八年，程天放任安徽省教育廳長，邀請端木先生出任秘書兼科長。

　　民國二十二年，端木愷三十一歲，受聘擔任行政院參事，至三十年五月。此時期的行政院長為汪兆銘、蔣

中正、王寵惠（代理）、孔祥熙（蔣中正先生連襟）；於此可見，端木先生的政治歷練上，與中樞層峰及閣揆的淵源深遠關係。

民國二十五年五月五日，《五五憲草》通過；七月，國民政府籌開制憲國民大會，命內政部長蔣作賓兼任選舉籌備委員會主任委員（蔣氏在內政部長任後，於民國二十六年至二十七年，擔任端木先生家鄉安徽省主席）；此國民大會代表選舉總事務所的第三組組長為端木愷（第一組組長洪蘭友，第二組組長張道藩兼任）。

端木先生研習政治法律，學有專精，為學者專家，乃以其法律學養，參酌政理，訂立選舉法規，殊多創獲。旋因七七事變，抗戰軍興，籌備國代選舉制憲之議乃暫停；唯先生所策劃簽訂法規，頗多為後來辦理選務者所援用，此亦先生來台後，受當局重用擔任中央選舉委員會委員因緣由來。

二十六年，蔣作賓先生出掌安徽省主席，邀請端木先生擔任省政府民政廳長。

民國三十年六月一日，先生升任行政院會計長。（此時的行政院長為蔣中正先生）

民國三十一年至三十三年，「國家總動員會議」成立，以蔣中正為主席，先生受命擔任副祕書長，以其精湛法學，制訂通過〈國家總動員法〉，國民政府於三十一年三月二十九日明令公布，五月五日實施。乃為集中運用全國所能廣包運籌的人力、物力、財力之統制作用，

推動並考核行政院各部會機關，期能增強戰時效能，而有利於國家抗戰軍事勝利。

民國三十二年，先生代理秘書長；三十三年五月五日，獲頒「景星勳章」。

端木先生在留學美國而學有專精，旋於回國後之民國十七年至三十九年，屢受重用，敦聘歷練各項重要行政職位，且直屬長官先後有程天放、蔣作賓、汪兆銘（精衛）、蔣中正、王寵惠、孔祥熙、孫科（行憲前後之行政、立法院長）等，個人天賦聰穎能幹，又加上後天之努力政事，而經歷為一位幹練出色的從政者，接獲國民政府頒授「景星勳章」榮耀。

民國三十四年四月，獲選為「國民參政會」第四屆參政員。

「國民參政會」是對日抗戰時期的最高民意機關，在民國二十七年七月六日於漢口揭幕，於民國三十五年十二月二十五日制定通過《中華民國憲法》，旋由國民政府於三十六年元旦公布並自三十六年十二月二十五日起正式實施民主憲政，還政於民，且在三十七年三月二十九日召開第一屆第一次國民大會。於是，「國民參政會」階段任務完成，於三十七年三月二十八日閉幕結束。

自民國二十七年至三十七年，「國民參政會」歷經約十年，共舉辦四屆十三次大會，除第一屆第一次大會於漢口召開，最後第四屆第三次大會於抗戰勝利返回南京首都熱烈慶祝舉辦外，其餘十一次大會都在陪都重慶

舉行。

二十七年六月二十二日，國民政府特派王世杰（字雪艇，1891-1981，歷任立委、教育部長、國民參政會秘書長、參政員、外交部長、制憲及第一屆國代、中研院院士、總統府秘書長、中研院院長）為國民參政會秘書長，端木愷任文書組主任，雷震（字儆寰，歷任參政會議事組主任、副秘書長、國大代表兼秘書長）為議事組主任，決定同年七月召開參政會第一屆第一次大會。

該年七月六日在漢口召開大會至同月十五日，會期十天，軍事委員會蔣委員長蒞會致詞。

「國民參政會」的第一屆第一、二次（二十七年七月與十月）大會議長為汪兆銘，第一屆第三次（二十八年二月），改推舉蔣中正先生為大會議長，第二屆第一次（民國三十年三月）改設以蔣中正、張伯苓、張君勱、左舜生、吳貽芳等為主席團主席。[1]

端木愷先生所參與之「國民參政會」第四屆召開有第一次（三十四年七月七日至二十日在重慶）、第二次（三十五年三月二十日至四月二日，於重慶）、第三次（三十六年五月二十日至六月二日，還都南京舉行）大會，皆各十四天。

〈國民參政會組織條例〉第三條規定參政員分配員

---

1 國民參政會在台聯誼會編印（1962），《國民參政會史料》，附錄一、歷次大會時間地點表，二、國民參政會組織條例、議事規則等。

額，其中（丁）項：「由曾在各重要文、經團體服務三年以上，著有信望，或努力國事，信望久著之人員遴選」。

依該（丁）項遴選出的第四屆參政員有端木愷、張其昀、王雲五、胡適、成舍我、吳貽芳、錢端升、薩孟武、張君勱、于斌、莫德惠等努力國事，著有信望之人選等。[2]

民國三十五年十一月十五日於南京國民大會堂召開制憲國民大會，端木先生以執政黨直接遴選代表身分出席。

先是，前述端木先生於民國二十五年五月五日之《五五憲草》通過後，國民政府籌開制憲國民大會選舉，先生以其法政學養，擔任組長，制定選舉法規，頗多創獲。

制憲國民大會自三十五年十一月十五日開幕，出席者有執政國民黨與青年黨、民社黨、社會賢達及中立無黨派人士（共產黨代表沒有出席與會）；十二月二十五日三讀通過《中華民國憲法》並決議於三十六年元旦由國民政府宣布，同年十二月二十五日施行；旋即舉行制憲國民大會閉幕典禮，蔣中正主席代表國民政府接受憲法，並於同月三十一日正式簽署（公布）憲法。

制憲國民大會代表除各省、市區域代表外，還有律

2　王雲五（1967），《岫廬八十自述》，〈國民參政會躬歷略記〉，頁 255 與 286；胡志亮（2001），《王雲五傳》，〈國民參政會〉，頁 242。

師職業代表陳霆銳等、教育團體代表胡適等、直接遴選
政黨代表有執政黨的蔣中正、孫科、王寵惠、張知本、
張羣、陳布雷、于右任、端木愷、吳敬恆（稚暉）等，
民社黨的張君勱，青年黨的左舜生及社會賢達的王雲
五、張其昀、成舍我，傅斯年等，可謂集全國精英優秀
代表，濟濟多士，齊聚一堂與會。[3]

　　民國三十七年，先生代表律師公會當選行憲後第一
屆立法委員，五月八日於南京就職，並於第一會期參加
「法制委員會」。

　　第一屆立法委員除各省、市選出的倪文亞、劉健羣、
張道藩、梁肅容、童冠賢、張寶樹、馬樹禮、孫科、程
天放、劉真、傅斯年、張金鑑、成舍我、趙自齊、丘漢
平（東吳法科校友，來台於民國四十年出任「東吳補習
學校」，即後來演變為東吳大學的早期校長。）等及職業
公會團體代表的端木愷、黃少谷、王世憲、陳訓悆等。[4]

　　民國三十七年七月一日，王寵惠先生（1881-1958，
歷任復旦大學教授兼副校長、孫中山大總統的外交總
長、北京政府司法總長、國民政府司法部長、司法院長、
海牙國際法庭法官、外交部長、制憲國大代表擬定憲法
草案、行憲後第一任司法院長、第一屆中研院院士、四
十一年至四十七年往生前的東吳大學董事長）擔任司法

---

3 董翔飛（1984），《中華民國選舉概況》，〈制憲國代選舉〉。
4 同註3前揭書，〈第一屆立法委員選舉〉。

院長，力邀端木先生就任秘書長，基於兩人長久交誼，於公於私，端木先生欣然赴任。

唯依剛實行的《中華民國憲法》第七十五條：「立法委員不得兼任官吏」（三十八年一月六號，大法官釋字第一號，亦解釋依規定不得兼任官吏）。

端木先生是法學博士，又是制憲國大代表，大公無私，心胸坦然辭去立委；否則，第一屆資深立委依大法官釋字第三一號及第二六一號解釋，可續任至民國八十年十二月三十一日才終止行使職權而退離職；依法規可領退職金新台幣五佰萬，一分八厘利率，每月可領利息玖萬元。[5]

然則，端木立委遵法行事，其胸襟開闊，努力國事之光風霽月，政治品格高潔明朗，令人感佩尊敬。

民國三十七十二月二十三日，孫科就任行政院長，邀請端木先生擔任秘書長。

先生才出任王寵惠司法院長的秘書長未久，且因行政院秘書長為重大政治職位，當時孫科院長與最高當局之人選持不同意見；適時由國家大老王寵惠（亮疇）出面打圓場說：我建議有一位雙方皆可接受人選，隨即說我願將我司法院的秘書長端木愷讓出；僵局情勢立刻轉為和氣圓滿結局，最高當局與孫科閣揆皆滿意。[6]因為王

---

5 陳鶴齡律師（2004），〈功著國史事顯東吳〉，《端木愷校長紀念集》，頁536。
6 端木愷（1976），〈懷念孫哲生先生〉，〈東吳校訊〉第18期，

寵惠亮疇司法院長是民元孫大總統的外交總長，與國父孫先生淵源關係特深而親近，且端木愷早在民國十二年就在廣州晉謁過孫中山先生而認識。所以，蔣總統（國父之傳承人）與孫院長（國父哲嗣）也就釋然而完全同意端木先生來擔任行政院秘書長。

端木先生政學高超，人品磊落，謙牧忍讓，嘗以「一生只有辭職而不求職」自況自勉；但其一生卻隨時隨地有大老賢達來羅致提拔他出任政治要職。

外交官丁慰慈是端木愷擔任「中阿（拉伯）文經協會」理事長時期最友好得力助手，他回憶追思：「端木先生曾任立法委員、司法院和行政院秘書長；查政界人士經歷，當無出其右；其處事的融通，經驗的老到，對人身分的恰如其分，才使得他席不暇暖，不斷地被人延攬」。[7]

民國三十八年一月，國內情勢惡化逆轉；蔣中正總統於一月二十一日宣布引退；二月初，孫院長暨端木秘書長與總統府秘書長吳忠信（禮卿，1884-1959，安徽人，民初，與蔣中正先生追隨陳其美參與機要，孫中山在桂林之衛戍司令、安徽省主席、國大代表、三十七年十二月任總統府秘書長）等商議政府南遷廣州；三月十

---

65 年 12 月 15 日；端木偉民（2004），〈追述先父交游〉，《端木愷校長紀念集》，頁 730。

[7] 丁慰慈（1996），〈端木愷政學兩樓〉，《中外雜誌》，60 卷2 期。

二日，孫科先生辭行政院長職位，端木先生亦隨即辭職，唯旋受聘擔任蔣中正總裁辦公室設計委員。

　　民國三十九年三月一日，蔣總統復行視事，受聘擔任總統府國策顧問；四十年一月，受聘擔任行政院設計委員會委員，此時之行政院長是陳誠辭修先生，其岳父為國家大老譚延闓（1880-1930，民十二年曾任孫中山先生廣州大元帥大本營秘書長，民十七年為國民政府首任行政院長；長子譚伯羽，1900-1982；外孫陳履安，1937-，即陳誠暨夫人譚祥公子，歷任教育部次長、國科會主委、經濟部長、國防部長、監察院長等重要政治職位歷練。本文第六章將會提及〈一副（譚延闓贈送端木愷先生）對聯通於三世（譚延闓－譚伯羽－陳履安因緣）〉。

　　總之，綜觀端木愷先生一生之政治履歷：行政院參事、國民大會代表選舉總事務所組長、安徽省民政廳長、行政院會計長、國家總動員會議副秘書長至秘書長、國民參政會參政員、制憲國民大會代表、第一屆立法委員、司法院秘書長、行政院秘書長、總統府國策顧問等，歷練完整豐富，政績信望卓著，他真是一位幹練出色的從政者。

80

第三章　成功著名的大律師

　　端木愷先生是有「北朝陽南東吳」稱譽的東吳大學法律科系畢業生，又赴美留學獲取紐約大學法理學博士學位，學有專精，法律精湛，擔任復旦、東吳、中央大學法學教授及家鄉安徽大學法學院長。

　　民國二十年，第一次於首都南京執業律師（1931-1933），1933年受聘擔任行政院參事；1945年抗戰勝利後，先短期間加入重慶律師公會，旋返回上海加入上海律師公會，續執律師業（1945-1947），1947年5月8日代表律師公會當選行憲後第一屆立法委員，同年7月1日受命擔任司法院秘書長；1949年來台後，又重執律師業務；並先後長期應聘接受擔任台糖、中華書局、台元紡織、中國航運、台船、招商局輪船、中央信託局、復興航空、國防部、瑞三金煤礦、大同製鋼、遠東紡織、經濟部台鋁、聯勤總司令部、中央銀行、中華醫學會、福樂奶品、復興木業、中國水泥、東海大學董事會、中華航空、中華民國僑資事業協進會、大西洋飲料等七十

多家公門機關與私營公司行號之常年法律顧問。[1]

　　民國五十六年連任東吳大學副董事長（孫科先生新任董事長）及五十八年至七十二年擔任校長期間，則全心全力於校務推動拓展上。

　　先是民國三十五年至三十六年，端木律師（先生於民國二十二年至三十年擔任行政院參事，汪精衛曾任行政院長）挺身為陳璧君子、婿任辯護，不特不受費而往來於京滬吳（蘇州）間，行旅所資，亦由自出，重人權而雪冤抑，此固法學家大律師之神聖責任，亦國人所共欽者也。端木律師免費為汪精衛妻陳璧君之子、婿辯護，終獲無罪開釋。[2]

　　所以，東吳大學法律系畢業（台大法研所畢業，留學哈佛法學院研究所）的李念祖大律師（曾任台北市律師公會理事長，現任著名的「理律法律事務所」所長）在端木校長百年追念述及：

> 任律師而在極短的時間內遍歷立法、行政、司法三院高層職務，民國史上並不多見。行憲前，他就已是全國知名的大律師。抗戰勝利他曾義務擔任汪精衛妻子陳璧君的辯護人，在那個年月，此

---

1 余惠芬、黃淑暖（2004），〈端木愷鑄秋先生年譜簡編〉，《端木愷校長紀念集》，頁 378-392。
2 忍寒居士（2004），《雙照樓詩詞稿》題記，《端木愷校長紀念集》，頁 39、342 與 376。

舉真是律師本色。陳璧君獄中親筆頌揚他「伸公
道而重人權，明是非而雪冤抑」，正是律師的職
責與榮耀。[3]

抗戰勝利不久，端木先生邀請安徽同鄉世交的王善
祥律師至上海籌組合開律師事務所，正式掛牌的事務所
訂名「端正法律事務所」（Equitable Law Office）。

先是，端木先生在執業律師時，慈母曾有明確的提
示規範：一、不收不義之財，二、絕對不辦關說案子，
三、他人兄弟爭財產，要設法和解處理，四、不辦離婚
案件；五、遇到拿不出訴訟費的當事人，則免費辦理。
端木律師謹遵母訓都一一做到了。[4]

所以，「端正法律事務所」端木律師手訂受託辦案原
則：

一、無理由的案件不辦。

二、向法院關說請託的案件不辦。

三、民事以和解為原則，儘量調解糾紛，減少訟源。

四、離婚案件不辦。

五、收費標準，以律師公費章程為準，對於貧苦需

---

3 李念祖（2004），〈律師教育家─端木愷校長百年追念〉，《中
　國時報》，2004 年 4 月 19 日。

4 端木儀民、儷民（2003），〈我們的父親與祖母、母親〉，《傳
　記文學》82 卷 6 期。

要盡義務的案件，不能拒絕，且要盡心盡力去
辦。

六、刑事以不做告訴人或自訴人方面的律師為原
則。

七、一經接辦的案件，無論案件大小，要有敬業精
神，不可有一點疏忽，必須善盡職責。

先生選案雖嚴，但對委託人之態度永遠和藹誠懇，
檢討案件不厭其詳，證據之取捨尤其認真，特別對民事
案件，更是費盡唇舌，務期化解糾紛，免上法庭。因此，
委託人總是滿意感激的出門，從無「退有後言」之人，
真正盡到保障人權服務社會之責。[5]

民國三十八年（1949）十二月，端木先生隨政府遷
台，旋加入「台北律師公會」。重執律師業，亦稱名「端
木法律事務所 Equitable Law Office」。初設南陽街三十
號，後數度遷移事務所至羅斯福路、濟南路及臨沂街，
皆與其來台初居台北市銅山街二十號府第，距離很近。

端木律師在台執行律師業務，早期曾與富綱侯、蔡
六乘、王善祥、武憶舟等律師合署職業，並與原本舊識
之「理律法律事務所」創辦人李澤民律師暨李潮年律師，
在業務上時有往來。晚期（1969 年擔任東吳大學校長起）

---

5 王善祥（1988），〈端木鑄秋先生的律師事業〉，《端木鑄秋
先生逝世週年紀念專輯》，頁 80-81。

因全心全力專精於東吳校務，原則上，民事案件委請武律師辦理，刑事案件則由王律師代理。1980 年後，端木律師因接近八十歲，逐漸年邁體衰，心力不濟而無暇旁顧律師事務所業務，大多業務也交由李文儀律師（東吳教授）與廖修三律師處理。

端木大律師來台後之律師事務所承辦案件範圍，大略涵蓋：1.擔任政府機關及國內外公民營企業公司之常年法律顧問，提供法律諮詢服務，2.承辦訴願、行政訴訟法律顧問及民事、刑事訴訟案件，3.辦理公司設立及合併登記，智慧財產權之取得、移轉、授權登記，華僑及外人投資、國際融資，遺產繼承及文件認證等非訟事件。[6]

端木愷律師事務所，在台灣所執行業務承辦案件無數，其中最顯著聞名而轟動國內外的重大業務案件有：一、1950-1951 年受命協助處理中國航空與中央航空之「兩航飛機滯港事件」，二、民國五十七年（1968）受聘承辦辯護「高雄青果香蕉合作社致送金碗銀盤案」，三、1980 年受聘代表英國政府與中華民國政府辦理淡水紅毛城（英國前領事館）交還我國之法律手續案。

---

6 李文儀（2004），〈端木愷校長的律師風範〉，《端木愷校長紀念集》，頁 652-653。

一、兩航飛機案

民國三十八年（1949）十二月九日，我政府撤退播遷來台之際，當時飛抵香港啟德機場的「中國航空公司」與「中央航空公司」（簡稱「兩航」公司）所屬飛機七十架，因國家政情局勢逆轉而有意轉向中共；國共雙方即時均主張此批飛機之歸屬權，兩方之支持者各自在香港展開「保護飛機國產運動」，情勢極度混亂，糾葛不清；導致英國香港法院暫時扣押該批七十架飛機，並裁示非經法院判決確定所有權歸屬，該批飛機不得飛離香港。

「兩航事件」對當時國內外之民心士氣及政府領導之威信，甚且我國（為聯合國創始國暨常任理事國）之國際地位影響至鉅；且此批飛機若落入中共政權取得，恐一時會危及台灣安全。

嗣有在美國設立登記之「民航空運公司」出面向香港法院主張該批飛機之所有權，具體事由指 1949 年 12 月 5 日由美籍人士陳納德（C. L. Chennault，1890-1958，美國空軍，1937 年來中國，招募成立「飛虎隊」協助阻截日本空襲，與蔣委員長暨夫人建立深厚友誼，且與陳香梅結為夫妻，戰後組立「民航空運公司」）等向中華民國政府及「兩航」公司簽約購買，總價美金 350 萬元，經中華民國政府及兩航公司於同年 1949 年 12 月 12 日完成買賣交易。（1950 年 1 月 6 日，英國承認中共政權）

　　本案初由香港下級法院判決原告「民航空運公司」敗訴；原告不服而於 1950 年 5 月 19 日上訴至香港最高法院；1951 年 5 月 21 日駁回原告上訴，維持下級法院原判決。於是原告再上訴至倫敦司法樞密院（Privy Council）。

　　因本案主要爭議點除涉及國民政府當時局勢情況，有無權利出售「兩航」飛機之買賣契約是否有效外，又涉及國、共易位所衍生雙方國際法人格之取得與是否喪失及新、舊政府的權利與義務之繼受和溯及效力問題，甚且主張管轄權及程序法之適用問題等，大大增加本案之複雜性及處理上之困難度，已非原告所聘律師所能單獨勝任，亟需熟諳我國法律及體制之律師鼎力協助。

　　端木大律師是東吳法律科系畢業，美國紐約大學法學博士，學貫中西，又喜愛擅長中文（初入復旦大學讀中文系改唸政治學），中英文甚佳，且具律師資格有長期執業經驗與名聲，復長年歷任政府要職及立法委員，乃屬提供此案之專業協助不二人選。

　　端木律師以其過人之聰穎智慧與經驗膽識，本於律師職責並兼顧國家利益，爰受命對本案之獻猷計畫及提供最專業有效之法律協助。

　　端木先生由政府聘請代理訴訟，每週往返香港台北，甚或遠到倫敦，與該地律師及法官辯論，跋涉奔波，備極辛勞。

　　終於在 1952 年 7 月 28 日由倫敦司法樞密院認定相

關飛機買賣契約有效，終獲勝訴判決。[7]

「兩航飛機案」，中外媒體爭相報導，勝訴使得端木大律師聲名大噪，成為國際律師界讚揚尊敬人物。

端木大律師辯才無礙，居功厥偉。唯本案因國產已轉讓外人，該批飛機在英、美兩國政府妥協下，飛往美國而未能飛來台灣，竟導致當年最高當局對端木大律師及其他當時參與政府決策者等之不滿與誤解。

唯端木一生「只有辭職而不求職」，雖蒙不白之冤，毫無怨言，當時美國領事館曾來關心詢問，先生不作任何聲明，不告洋狀，絕不中傷政府，願讓時間來證明事實真相；1956 年，家裏接到總統電話，蔣總統在陽明山官邸接見端木先生，總統見到他的第一句話就說「你回來了」；告辭時，總統也站起來親送端木先生到門口。[8]

二、高雄青果合作社致送金碗銀盤案

民國五十七年，「高雄青果合作社」因把大量台灣名產的香蕉輸賣日本，賺了很多錢，合作社人員感恩圖報政府農經政策暨相關官員的協助，曾以金碗銀盤贈謝有關人士，這並非事前的行賄，也不是事後的納賄，不

---

7 李文儀（2004），同註 6 前揭文，頁 655-657；陳香梅（2002），〈驚心動魄的兩航事件〉，《傳記文學》，80 卷 2 期。

8 端木俊民（2004），〈憶父親二三事〉；端木偉民（2004），〈追述先父交游〉，《端木愷校長紀念集》，頁 710 與頁 732-733。

料接受金碗的人，之後竟被冠以貪污瀆職罪名義遭受起訴。

　　端木大律師此時應聘接受某政府官員之委託擔任其辯護律師；端木先生出庭辯護時表示，台灣農業經濟當時正處於起步階段，公務員平時奉公守法，努力推動水果輸往外國，使國產香蕉業者大賺錢利，商界與農民飲水思源，「吃果子拜樹頭」，屬事後表示敬意而送禮致謝，並非官員主動要求索賄，無奈因此惹上官司，碰觸難題，內心極為難過焦急。

　　端木律師誠心竭力，以其辯才言辭為被告官員當事人澄清辯護，言及沈痛處而流淚說：「我這是為全國的公務員而痛哭淚下啊！」

　　這句坦誠心坎話，頓時讓法庭上下的人，都為之震撼心動而也流下淚來，尤其聽眾席的家屬，更是感動地哭成一團。

　　端木律師為此案被告而提出之「辯護意旨書」略謂：黃金為五金之首，白銀次之，官家、民間莫不以金銀為尚，習慣使然也。民間風氣，親友生兒育女，通贈金鎖片，婚慶壽誕，亦贈銀盤銀匙；而國父誕辰、總統華誕紀念，中央亦鑄有金圓公開出售，准許饋贈，官吏來自民間，喜好不異百姓也。高雄青果合作社，蓽路藍縷，盈餘萬億，甚有助於國計民生。政府積極倡導合作制度（憲法第 145 條），官員對於蕉農，愛同褓姆，功德無量，其歡欣鼓舞，感恩頌德，良有致也。高雄青果合作

社二十週年慶，以紀念性之金碗銀盤，上自閣揆，下至課員，並及公務員懲戒委員會委員，不論官階高低職務關係，作用在報恩，恩德憑想像，未有行賄心思。被告者或已他調，或已退休，對於該社利害，也無影響矣。且金碗銀盤乃該社為紀念二十週年而臨時設計製造，初無期約；致送前，被告等實為不知，更無企求，而無納賄意念。不教而誅，古有明訓，今憲法制定施行廿載之後，不忍再見不教之誅，不平之獄，想執法者當有同感。高雄青果合作社金碗銀盤普遍饋贈，純屬紀念性質，對象不以職務為限，對無職務關係者所贈甚或較大較重。原先認定犯罪，既無所本，用請撤銷原判決，另為被告等無罪之宣告。[9]

　　端木大律師以其文學造詣之「辯護意旨書」及法庭上感人肺腑的辯護，此案被告終獲「無罪判決」，還當事人清白公道，端木先生功不可沒，贏得法界人士之讚美敬佩。

三、淡水紅毛城前英領事館完成歸還手續案

　　1839-1842 年，中英「鴉片戰爭」，英國戰勝，1842-43年簽訂之《江寧（南京）條約》及續約，享有「最惠國條款」待遇。

---

9 李文儀（2004），同註 6 前揭文，頁 694（附錄四）。

　　1858-1860 年（咸豐八年與十年）英法聯軍戰勝清軍，要求開放五口通商（含台灣淡水港埠），英國援例最惠國待遇條款，獲致在淡水開埠通商設置領事館權利。

　　1861 年，英國政府任命第一位來台之領事官員郇和（Robert Swinhoe）駐台，並於 1862 年設置在淡水之英國領事館。

　　1867 年（同治六年），英國駐淡水（Tamsui）領事館針對用地（紅毛城，至今仍存 VR1868 磚雕石碑，乃維多利亞女皇 Victoria Reign 時期至今存留古蹟）而與清政府在台（灣府）官員簽訂付租納銀之永久租約。

　　民國三十九年（1950）一月六日，英國承認中共政權；民國六十年（1971）十月二十五日，中華民國政府被迫退出聯合國。英國旋於 1972 年 3 月 21 日關閉駐淡水領事館及撤離領事人員，更重申加強其與中共政權之外交關係，引起我國政府及人民之群起激憤心情，強烈投書抗議表達應立即收回「紅毛城」領事館。英國乃於同年 1972 年稍後，敦聘國際著名大律師端木愷先生擔任榮譽法律顧問，協助其地上建築物（官邸）補償金及支付積欠我國多年租金金額等法律難解問題之妥善解決方式。1976 年 2 月，英國為加強擴大與台灣之經貿利益關係，在台北設立「英國貿易促進會」（Anglo-Taiwan Trade Committee）。

　　民國六十九年（1980）六月三十日，端木大律師以其長期生涯忠愛國家維護政府利益，圓滿達成紅毛城前英領事館積欠租金，還歸土地館產法律手續，我國政府終於收回「紅毛城」。

　　端木愷先生法學精湛，辯才無礙，息爭止訟，紓解冤屈，律師業務鼎盛，聞名國際，中外人士對於端木大律師，咸都仰慕稱譽，尤其最為人所樂道者，乃是他全力維護國家的尊嚴與利益。

　　他在我國法學律師界，是人們所尊敬的學者暨治律權威泰斗，他真是一位成功著名的大律師。

第四章　社會賢達國民外交家

　　端木先生從民國五十二年至六十五年，長期擔任台北市與中華民國新聞評議會評議委員；六十九年六月至七十五年五月，擔任中央選舉委員會委員；六十九年十二月起，榮任團結自強協會理事長；他是一位被國人肯定公認的社會賢達。

　　端木愷是民國四十五年起，由成舍我先生（著名新聞專業報人、國民參政會參政員、立法委員、新聞學者）所創立之「世界新聞專科職校」（即今之世新大學）的創校十九位發起人董事（成舍我、王雲五、于右任、蕭同茲、林柏壽、閻奉璋、游彌堅、李中襄、辜振甫、端木愷、辜偉甫、程滄波、黃少谷、郭驥、陳訓悆、張明煒、阮毅成、葉明勳、謝然之等）之一。

　　十九位董事發起人之中，成舍我、于右任、蕭同茲、閻奉璋、游彌堅、程滄波、黃少谷、陳訓悆（陳布雷弟）、阮毅成、葉明勳、謝然之等，接近有六成者都是新聞界專業名士與教授。

　　端木先生是成舍我的至交好友（他們是國民參政會、立法院同事），也鼎力相助到世新擔任教授，是成舍

我口中常誇謝的終身摯友。[1]

　　端木因長期在政界、法律界、教育文化界的名聲德望，也與上述新聞專業人士暨教授時有來往，交誼深遠。

　　民國五十二年九月二日（新聞記者節隔天），「台北市報業新聞評議委員會」成立，端木先生被推崇膺選敦聘為七位評議委員（端木愷、蕭同茲、黃少谷、成舍我、阮毅成、程滄波、陶百川）之一位。

　　他們皆為國內新聞界先進耆宿、法律專家及新聞學者，享有聲名威望而被聘任為評議委員。

　　當時評議委員有兩項任務：一、提高促進新聞道德標準，委託新聞專業學術研究機構，定期作專題研究報告，由此評議委員會審議核定，印發「台北市報業公會」及會員；二、受理新聞、評論所涉及之當事人及社會相關人士之陳訴、檢舉，經調查、聽證後，予以裁定。

　　民國五十四年十月二十九日，因第一屆評議委員任期任滿而於台北市「記者之家」召開會議並票選第二屆評議委員；結果，端木先生等第一屆的七位評議委員，全數連選連任。五十五年四月二十三日，評議委員會接受報業公會所推薦之政大新聞系主任王洪鈞教授為秘書長，端木先生於會中發言致詞強調「維護新聞自由應毋忘個人自由」。

---

1 世新大學（2011），《世新 55 年校慶紀念專利》，頁 12 與頁 123。

民國五十七年八月六日,「台北市報業」票選端木愷及成舍我、蕭同茲、阮毅成、陶百川、程滄波、許孝炎(歷任參政員、立委,促成台灣中華日報成立、創辦香港時報)等七位評議委員;(黃少谷評議委員受延攬升任行政院副院長)。

六十年四月三十日,台北市「報業」新聞評議委員會擴大組織為台北市新聞評議委員會,召開成立大會,端木先生與成舍我、蕭同茲、陶百川、阮毅成、程滄波、許孝炎等七位外,又擴加于斌、江學珠合為九位評議委員。

六十三年九月一日記者節,「台北市」新聞評議委員會擴大改組為「中華民國」新聞評議委員會,範圍擴廣為全國所有的新聞、電視、大眾傳播事業,端木先生受聘擔任第一屆評議委員。

同年同月二十五日,出席中華民國新聞評議委員會第一屆第二次會議,會中通過決議:函請中華民國電視學會、台灣省報紙事業協會及台北市報業公會,遵守甫修正通過的〈中華民國報業規範〉並注意報導犯罪新聞時,勿涉及犯罪方法與技術,以免仿效再犯。

民國六十五年八月三十日(端木先生七十四歲)連任中華民國新聞評議委員會第二屆評議委員。

所以,端木愷先生從民國五十二年至六十五年,長期擔任台北市與中華民國新聞評議委員達十三年之久,備受同業及社會人士之尊崇與肯定。

期間，在民國五十八年八月六日（至七十二年八月一日），端木先生出任東吳大學校長，全心全力推廣拓展校務。

唯因他法學專精，為著名律師學者，早在民國二十五年五月五日《五五憲章》通過後，國民政府準備選舉國大代表行憲時，端木先生即擔任此國大代表選舉總事務所的組長，以其法政素養，訂立選舉法規，頗多創獲而為後來者所援引採行。

所以，在民國六十九年五月六日，立法院三讀通過之〈公職人員選罷法〉並咨請總統於同月十四日明令公布，而為因應定於同年底即將舉辦的增額國代、立委、監委選舉前，「中央選舉委員會」於六月十六日正式成立，總統特派內政部長兼主任委員邱創煥及端木愷先生等為委員，任期三年。

七十二年（端木先生已八十一歲）五月下旬，行政院院會通過，呈請總統派令聘請端木先生等自六月十一日起，連任「中央選舉委員會」委員，並於同年十二月三日增額立委選舉圓滿辦理完成，有功而榮獲行政院長孫連璿親頒獎狀致意感謝。

先是，民國六十八年（1979）1月1日，中美兩國外交關係正式終止邦交，國家在外交上遭受重大橫逆衝擊，引起海內外人民群情激憤，一致表示要以具體行動支持政府救國圖存；爰有當時文化教育學術、新聞大眾傳播、工商企業及宗教團體等各界領袖，咸認應即組織

成立團結自強機構，以協助配合政府在海內外推行此團結自強運動。

於是在民國六十九年十二月十二日，端木先生以籌備委員會召集人身分主持「中華民國團結自強協會」之成立大會，並於同月十八日召開該會之第一屆第一次理監事聯席會議，端木先生當選第一屆理事長。[2]

端木理事長德高望重，足資號召，群策群力，對當年的國內危急不安的時局與情勢，團結全民自強意志，消除民間不安歧見，穩住局勢，安定民心士氣，有其作用與奉獻。

吾人從端木愷先生長期擔任新聞評議委員會、中央選委會委員及團結自強協會理事長；甚且，先生會注意到而替所謂「異議人士」仗義執言，挺身而出，或提拔這類後學晚輩至大學授課或任職維生(如傅正、顧紹昌、林嘉誠等)，他可說是一位富有超然立場，難得而值得欽佩的社會賢達。

先是民國六十年（1971）十月二十五日，在聯合國大會「排我納匪」投票之前一刻，我出席聯大代表團團長周書楷，發表嚴正聲明，宣布中華民國（1945年聯合國創始會員國，五強常任理事國之一）決定退出聯合國。

民國六十一年六月一日，蔣經國先生接替嚴家淦副

---

2 端木愷先生擔任新聞評議委員、中選會委員、團結自強協會理事長的年月時間，請參閱，余惠芬、黃淑暖（2004），〈端木愷鑄秋先生年譜簡編〉，《端木愷校長紀念集》，頁388-431。

總統所兼之行政院長，周書楷辭去外交部長，轉任新內閣行政院政務委員。

新上任蔣院長倚重杭立武（1903-1991，留學英美政治學博士，1932年與王世杰、端木愷、薩孟武、張慰慈、程天放等創立「中國政治學會」並兼總幹事，後任理事長，歷任我國駐泰國、菲律賓、希臘等國大使）的才智、歷練與國際外交威望，委請杭立武先生出掌「國際關係研究所」（初屬國家安全會議，後改制併入政大）成立「外交小組」特別著重中美關係研討，以周書楷（歷任駐西班牙、美國大使，外交部長、負責外交部與僑委會的政務委員、駐梵蒂岡大使）任召集人，端木愷、連戰（台大政治系主任）、陶百川、王紀五（王世杰長子，國際關係研究中心研究員）、政大朱建民教授等為主要成員，每週開會一次，並由此「國際關係研究所」外交專題研究小組秘書做開會紀錄且輪流委由與會一位成員撰寫結論與建議，直接送呈經國院長本人鈞閱及提供政府相關單位參考。[3]

端木先生專精法政留美博士，擔任過行政院參事、秘書長；國民參政會參政員、立法委員，此時擔任基督教會東吳大學校長，深諳國際關係與情勢，尤與美國國會議員暨其助理，時有來往，關係良好。

---

3 周書楷（1988），〈獻身國家社會的端木愷先生，《端木鑄秋先生逝世周年紀念專輯》，頁60-61；王愷（外交官）〈國之磐石端木愷〉，《中央日報》，九十三年五月一日。

在此時，當國家政治外交處於受挫低潮之際，蔣經國行政院長毅然決意要更加強促進中美兩國外交關係暨與太平洋地區國家的文化交流及教育合作；於是，由中華航空公司出資當時一千萬台幣作為設置基金會，並與教育部、外交部等單位籌立「太平洋文教基金會」。

在蔣經國院長的欣然授意，經由教育部蔣彥士部長與周書楷政務委員的出面力邀，端木愷校長應允接受即將成立的「太平洋文教基金會」（Pacific Cultural and Educational Foundation）董事長。

民國六十三年三月九日，端木先生就任此基金會的首屆董事長。

基金會成立宗旨在促進太平洋地區各國之間的文化教育學術交流與增進相互瞭解。

設立初期主要業務內容有：

一、舉辦及參與國際（特別在太平洋地區暨美國）的學術文化教育研討會。

二、辦理國外表演藝術文化團體或個人來華表演活動。

三、設置獎助金，鼓勵協助外籍學人研究傳播中華文化。

四、出版英文簡訊系列刊物，提供海外知悉瞭解我國內之學術文化及藝術表演活動最新資訊等。

同年八月二十五日，美國男女眾議員一行四位，應

我國「太平洋文教基金會」邀請，抵華訪問一週；訪華期間除拜會基金會端木愷董事長外，也拜會我政府之教育、文化、外交、經建首長暨相關文教機構（如故宮博物院）的展覽設施等。

民國六十四年（1975）九月二十七日，端木愷先生藉參加國際大學校長及國際法學會邀請出席會議赴美之便，又以「太平洋文教基金會」董事長之身分，拜訪美國國會，受到多位國會議員暨助理人員熱誠招待，發表流利英語演說，重申支持我國地位與中美兩國關係情誼，並與我國留美學生舉行座談會，坦誠溝通交流，成果極為豐碩。

正如時任〈聯合報〉駐美特派員的施克敏先生所報導：

> 東吳大學校長兼「太平洋文教基金會」董事長端木愷博士，一年多來，在美國國會山莊上，辛苦耕耘，播下友誼種子，現在終於開花結果了。這些曾應「太平洋文教基金會」邀請訪華的國會參眾議員及其（行政、立法、國防外交、新聞傳播）助理們，在訪華後，對來自台灣的人民，更加關懷親切，而從端木愷董事長在美國及國會山莊所受的超規格禮遇，就是這種特殊情感的自然流露與表示；他們都發言感謝「太平洋文教基金會」在其訪華時的慷慨殷切接待，因此也就更珍惜支

持中美友好關係。[4]

　　六十四年十二月二十九日，端木董事長設宴款待美國國會議員助理訪華團十九人，晚宴菜色精緻美味，別具中華佳餚美點特色，貴賓們都感佩主人的盛情招待與才華風趣，席間笑聲不絕，更對端木董事長的愛國情操與中美關係的奉獻，由衷感佩，留下極深刻印象。

　　前外交部長、駐美代表錢（君）復就追思感佩：

> 端木鑄公董事長，一直對我垂愛有加；他以校長暨董事長身分，不斷地邀請美國國會議員和助理來台灣訪問，成果極為豐碩；他做事非常認真負責，每次由「太平洋文教基金會」所邀請的國會議員或助理訪華團，他一定親自接待，除了宴請之外，還另外與他們談話交誼，每一位來過此地的美國議員或助理，皆對中華民國有著深厚的友誼，而以後我們能在美國國會擁有那麼多的朋友，現在回想起來，鑄公董事長的貢獻非常之大。[5]

---

4 施克敏，〈美國議員助理在華府禮遇端木愷董事長〉，聯合報，六十四年十月十三日。

5 錢復（2004），出席東吳大學國際會議廳，〈一位政治家·律師·教育家·國民外交家的風範〉座談發言紀錄、《端木愷校長紀念

　　民國六十六年四月八日,「太平洋文教基金會」在圓山大飯店舉行成立三周年茶會(端木先生於該年二月被推選連任董事長),聘請李鍾桂教授(曾任教育部文教處長)擔任該會執行長。

　　六十九年八月二十六日,由「太平洋文教基金會」所舉辦之「1980 年國際教授學者會議」,在台北圓山大飯店隆重召開,計有中、美、加、澳大利亞、日、韓、菲、印尼、英、法、西德、義大利、荷蘭等十三國的代表及觀察員共八十二位參加與會。端木愷董事長主持歡迎酒會致詞,會議圓滿順利,成果豐碩。

　　七十年(1981)一月二十日,美國總統當選人雷根及副總統搭檔當選人布希就職典禮,白宮來函邀請端木董事長參加就職典禮及晚會。

　　七十三年(端木董事長已八十二歲)三月十六日,「太平洋文教基金會」舉辦成立十周年歡慶,由先生主持慶祝酒會;嚴前總統家淦及教育部長朱匯森部長應邀出席與會。

　　李鍾桂執行長回憶感佩:

> 端木鑄公校長以其文教深厚背景,中英文俱佳學養及超然的政治立場,社會賢達威望名聲被推舉出任「太平洋文教基金會」董事長不二人選,在

集》,頁 826-827。

其努力耕耘領導之下，基金會蓬勃推展，博得太
平洋地區及國際人士的好評與友誼，成績斐然，
大力協助政府推動文教外交工作；他胸襟寬大，
待人親切，是我心目中最完美的人物，我追隨他
在基金會服務的歲月是我一生職場生涯中，發揮
最淋漓盡致，最愉快而有成就感的一段時光。[6]

　　當 1978 年，在美國與中共建交之前，我政府為因應
中東地區阿拉伯國家的石油供應與未來外交問題的未雨
綢繆，敦請當時經濟部中油公司張茲闓總經理（後又任
董事長、經濟部長）擔任召集人，邀請國內相關外交知
名人士端木愷先生等籌組「中華民國阿拉伯文化經濟協
會」(Sino-Arabian Cultural & Economic Association)；張
茲闓是第一任理事長，端木愷先生為第二任理事長。（任
期自民國六十六年至七十二年，期間丁慰慈外交官擔任
此協會秘書長；七十四年十一月，端木先生又被推選擔
任該文經協會榮譽理事長）。

　　先是，民國六十四年五月九日，端木愷先生以東吳
大學校長暨「中阿文經協會」常務理事身分，邀請沙烏
地阿拉伯王國教育部長謝赫（H. A. Sheikh）來華訪問並
頒授其榮譽法學博士學位，以表彰他對沙國教育界及中

6　李鍾桂口述（2003），〈與端木校長在太平洋文教基金會共事
　　的歲月〉，《傳記文學》，82 卷 6 期，92 年 6 月

沙關係之貢獻，典禮後又在圓山碧海山莊設宴款待謝赫
部長及與會貴賓。

民國六十六年八月十五日，「中阿文經協會」理監事
聯席會，端木理事長膺選擔當第二任理事長。

同年十月六日，端木理事長主持「中阿文經協會」
主辦餐會，會中邀請美國駐沙烏地阿拉伯前大使艾金斯
（Arkings）來台並演講「未來石油供需及油價趨勢與國
際政治問題」。

七十年二月二十四日，端木理事長主持「中阿文經
協會」主辦之中阿新春聯誼晚會，阿拉伯駐華使節、旅
華人士及來華留學生均應邀參加與會，晚會氣氛融洽，
賓主盡歡。

七十二年九月八日，端木理事長因年高已八十一歲，
謙沖辭去理事長職位，旋被推選當選常務理事；七十四
年十一月八日，「中阿文經協會」又推選敦聘端木先生擔
任榮譽理事長。

在民國六十六年至七十二年，端木理事長主持期間
一直在他領導下擔任秘書長的丁慰慈外交官追念感恩
說：

> 端木理事長在民國六十六年至七十二年任上，一
> 直致力將「中阿文經協會」基礎打得更穩，建立
> 制度化、組織化，委員會分工合作，當油價上漲
> 年代，在端木理事長任期內，中東阿拉伯國家（尤

其是沙烏地阿拉伯），對我國一直正常供應石油，
讓我們度過石油危機，感恩端木愷理事長所建立
的制度和重大貢獻。[7]

　　由以上敘述，可知端木愷先生更是一位了不起
的國民外交家。

---

7 同註 5，丁慰慈（中阿文經協會高級顧問），出席座談會發言紀
　錄，頁 830-831。

106

第五章　偉大的教育家

　　依據 2000 年 3 月東吳大學出版的《世紀春風－東吳
大學建校百年紀念特刊》，及 2020 年 3 月的《慶祝建校
120 年校史系列叢書》，可知東吳大學是在西元 1900 年
創立的。

　　又依民國四十三年（1954）七月，奉教育部准予成
立之「私立東吳大學法學院」（民國五十八年，教育部又
准予升格恢復「東吳大學」稱名）的陳霆銳（1891-1976，
東吳法律系校友、參政員、制憲代表、律師）院長的撰
述〈東吳大學校史概略〉：

> 東吳大學創辦於前清光緒二十六年（1900），不過
> 考其淵源，應當追溯至光緒八年，林樂知（Y. G.
> Allen）在上海創設之「中西書院」、光緒十年，
> 潘慎文（A. P. Parker）在蘇州擴辦之「博習書院」
> 與光緒二十二年，孫樂文（D. L. Anderson）在蘇
> 州設立「中西書院」等三個前身名稱，後於光緒
> 二十六年加以合併稱名「東吳大學」，推舉孫樂文
> 為大學校長，招生後於光緒二十七年（1901）正

式開學。[1]

光緒三十三年（1907），東吳大學英文校名申請更定為 Soochow University；民國十六年（1927）十二月，楊永清先生就任（基督教會）東吳大學第一任華籍校長；十八年三月，以孫文（中山）先生在民國十二年一月揮毫書寫的「養天地正氣　法古今完人」為中文校訓。亦即，東吳大學先有英文校訓 Unto a Full Grown Man，後來才又有中文校訓。

Unto a Full Grown Man，出自《新約聖經》〈以弗所書〉第四章第十三節，意譯為「（透過大學教育，為國家社會）造就完美全人」。[2]

政府播遷來台後，民國四十年五月，有改稱為「台北市東吳大學同學會」的成立，並於隔月在台北「勵志社」開會，提出有意在台復校的提案討論。

唯在當時，政府剛遷來台，一切以「國防軍事第一」，國防預算偏高，緊縮擠壓到（憲法第一百六十四條所規定之）高等教育預算比例，所以在民國四十三年（1954）十二月，簽訂「中美共同防禦條約」公布之前，以往在大陸時期的名校（如東吳、政大、清華、交通、中央等），

---

1 陳霆銳撰，〈東吳大學校史概略〉，收錄於張其昀等著，《中華民國大學誌》（二），頁 372。
2 蔣武雄主編（2020），《東吳大學在臺復校的發展》，頁 22-24；及附錄 1，頁 563-564。

都暫未准予復校。

四十年八月,「東吳大學同學會」只好先組成董事會,推選施季言為董事長,並由端木愷、呂光、丘漢平、伍守恭等校友前輩賢達,透過伍守恭校友熱心鼎力玉成,商請唐聲海校友同意借用其坐落於台北市漢口街一段十五號之四層樓房屋為臨時教室,申請稱名「東吳補習學校」招生上課,推選董事丘漢平(立委兼)任校長。

四十一年七月,丘漢平校長辭職,改由施季言董事長兼任校長,禮聘在台大法學院擔任法學教授的呂光博士為副校長兼教務長;並旋改組董事會,敦請司法院長王寵惠任董事長,陳霆銳律師教授為副董事長,及張群(岳軍)、端木愷、蔣緯國、黃仁霖、黃安素(Bishop R. A. Ward,基督衛理公會會督傳教士)等為董事。

民國四十三年(1954),在台校友會努力積極進行推動復校事宜。

當時的副校長兼教務長呂光教授,因偶與王寵惠(光緒二十六年,1900年正月,蒙獲欽差大臣北洋直隸總督考憑頒授「欽字第一號」發給北洋大學堂第一名畢業的王寵惠,他也是西學傳進後之近代中國第一位大學畢業最優秀學生)博士董事長打橋牌消遣聯誼。有一天,呂副校長兼教務長向王董事長報告旅台校友會急思在台復校一事。.

恰巧,當年(民國四十三年),依憲法第二十七條(及第四十七條)規定,要召開國民大會投票罷免滯美未歸

的李副總統及選舉第二任總統、副總統。

　　王寵惠（1881 年生，早於 1886 年出生的蔣總統，又是孫中山先生大總統時期的外交總長）此時擔任司法院長，又是蔣總統的最高憲法暨法律顧問。

　　四十三年五月十八日，總統特任張羣（此刻兼任東吳董事）為總統府秘書長；更且，蔣緯國（也是東吳董事），曾在 1934-1938 年，就讀蘇州東吳大學理學院物理學系，老總統因此對東吳瞭解而有很好印象。

　　適時，蔣總統召見王寵惠院長垂詢請教憲法相關問題。

　　王寵惠（字亮疇，時人尊稱亮老）對呂光說：法學界有「北朝陽南東吳」的推稱美譽，朝陽大學也想在臺復校，他們董事會來請我做董事長，我沒答應；但我極願意而當了你們東吳董事會的董事長。

　　王寵惠董事長就運用蔣總統垂詢難得機會，把握抓住難得時機，向總統報告東吳大學急思在台復校情形。

　　蔣總統隨即交辦當時的教育部張其昀部長， 准予東吳在臺復校；因此，呂光教授和後來的王紹堉董事長都追懷感念說「東吳大學不可忘記王亮老的功勞，沒有他，就沒有在臺復校的東吳大學。」[3]

---

3 呂光口述（1980），〈王寵惠先生百年誕辰口述歷史座談會紀實〉，《王寵惠先生文集》，頁 694~696。王紹堉（東吳大學董事長）口述（2020），〈追述王寵惠先生對東吳復校之貢獻〉，《一代大師王寵惠的志業與情懷》，頁 23-26。

　　同年七月二十九日，教育部長張其昀以「東吳補習學校」辦學績效卓著，核准復校，稱名「私立東吳大學法學院。」

　　八月二十一日，召開復校後的董事會第一屆第一次會議，仍推舉王寵惠為董事長，黃仁霖、黃安素、張羣、端木愷、蔣緯國等為董事，陳霆銳擔任此法學院長。

　　民國五十八年，「東吳大學法學院」升格稱名「東吳大學」，端木愷先生擔任校長至七十二年八月一日卸任，長達十四年之久，奉獻良多；旋於七十三年當選就任董事長，至七十六年五月三十日。十月十九日，董事會推選王紹堉董事就任董事長至今。

　　端木校長早年曾任復旦大學、東吳大學、中央大學及安徽大學法學院院長等著名大學教授，學有專長，又和藹風趣，諄諄教誨學子。

　　民國四十年至四十三年（1954），他對東吳大學在臺復校，出力甚多；特別是在五十八年至七十二年，主持東吳校務，擔任校長長達十四年期間，夙夜不懈，專心致力於學校系所的增設成立、知人善任禮聘大師級教授就任系所主任所長延請優良師資，使得校譽日隆；又擴增教學大樓、學生宿舍、教師研究大樓、九層樓圖書館等，貢獻良多，茲謹依年份先後，條列如下：

　　　　五十八年八月六日，東吳大學董事會推崇端木先生
　　　　　　自復校以來即全心全力投入，對東吳校務及發
　　　　　　展方向最為熟悉，徵召公推通過先生就任東吳

大學校長。

五十八年十月二十日，教育部核准東吳大學增設數
學系。

五十八年（1969）十二月六日，教育部來函東吳大
學董事會（董事長為孫科先生）准予「東吳大
學法學院」恢復「東吳大學」正式名稱，並同
意董事會聘請端木愷先生為校長。

五十八年底，東吳大學首創校長與（大一、大四、
社團幹部）學生（固定每週二第三、四節）會
餐制度。

五十九年四月二十二日，教育部核准成立物理學系
與化學系。

五十九年五月，教育部核准成立夜間部，開設會計、
外文、經濟、企管四個學系。

五十九年六月四日，教育部核准成立經濟學研究所
碩士班。（民國四十三年成立「東吳大學法學院」
之初，教育部核准成立法律、政治、經濟、會
計、外國語文學系）。

民國六十年四月十四日，成立法律學研究所碩士班
（所長為曾任聯合國法律部門主任的梁鋆立教
授）。

六十年八月，成立推廣（英語、日語、德語、企貿、
資訊）教育中心。

六十一年五月，興建台北「城中校區第一教學大樓

七層樓」竣工。

六十一年五月四日，成立「東方語文學系」。

六十一年五月十日，成立歷史學系、音樂學系、電子計算機科學系。

六十二年四月三十日，成立德國語文學系、社會學系、會計學研究所。

六十二年八月七日，同時成立法律學及經濟學研究所博士班。（五十九年與六十年分別成立的經濟、法律學研究所碩士班，因辦學績優而成立博士班）。

六十二年十月，理學院科學館（超庸館）落成。

六十三年四月二十日，同時成立國際貿易學系及中國文學研究所碩士班。

六十三年五月，男、女生第二宿舍各四樓層竣工。

六十三年十月，音樂館落成。

六十四年九月，成立「外籍學生中國文化研習所」。

六十五年四月九日，以碩士班辦學績優，成立「中國文學研究所博士班」。

六十七年八月，「教師研究大樓」四層樓竣工。

六十七年十月，中正圖書館九層樓竣工（早期圖書館緊鄰教堂「安素堂」）。

六十九年二月五日，成立「日本文化研究所」。（原在六十一年五月成立的「東方語文學系」改稱名「日語學系」）、哲學系、微生物學系。

七十年三月七日，成立社會學研究所。（社會學系成
　　立於六十二年四月）。

七十年七月，台北「城中校區第二教學大樓」竣工
　　（地下一層停車場，地上七層樓）。[4]

　　以上增設系所延聘師資，與擴建教學院館大樓及總
圖書館，琳琳總總，日夜奉獻心力，端木校長功績豐碩。

　　端木校長常說：因為國家聯考制度排名順序，也許
進入東吳的學生不是第一志願程度最佳的學生，但他有
信心耐心與愛心，要讓東吳畢業的學生，成為第一流最
好的人才。（他禮聘國外頂尖名校歸國學人而提攜造就的
劉源俊校長也引申說道：**東吳大學也許不像他的母校
台大一樣，得天獨厚而能集天下英才而教育之；但
他有信心和端木校長一樣，要努力教育東吳學生而
使其成為天下之英才**）。

　　端木校長為了東吳學子，禮賢下士，延聘國內外第
一流師資，學界肯定尊崇的專家學者到東吳大學執教授
課。

　　他說：「工欲善其事，必先利其器」，所以，一定要
把各學術專業領域中，富有長久教學經驗，又有學術崇
高地位享有知名度者，敦聘請來當系所主任所長，如

---

4 參見余惠芬、黃淑暖，〈端木愷鑄秋先生年譜簡編〉，《端木
　愷校長紀念集》，頁 397-434；〈端木鑄秋先生主持東吳校政十
　四年主要事蹟〉，《端木鑄秋先生逝世周年紀念專輯》，頁 19-22。

此，可像磁鐵一樣，吸收延聘許多他的及門弟子指導學生而已為大學人師者，到校一齊合力教學上課，以維持該系所的最佳陣容、師資水準。

因此，他為東吳大學文、理、法、商等學院找到禮聘了劉崇鋐，徐可燁、臺靜農，楊懋春、黃奉儀、李抱忱、韋瀚章、林聲翕、許常惠、蔡茂豐、劉兆祐、鄧臨爾（Paul.B Denglinger）等；李熙謀、鄧靜華、劉源俊；梁鋆立、王紹堉等；陳振先、鮑爾一、成嘉玲等大師級名教授前來授課，或成為所長系主任。

就舉法律系、中文系、歷史系所聘優質師資為例而言，端木校長為法律系聘請到王紹堉、梁鋆立、吳經熊、呂光、查良鑑、馬漢寶、林紀東、涂懷瑩、史尚寬、李模、陳長文、李文儀、廖修三等著名法學家及實務界名律師來到東吳大學任教，師資陣容極為堅強，在國內數一數二。

他為中文系敦聘徐可燁主任、屈萬里院士、孔德成院長、莊（尚）嚴副院長、學界耆宿臺靜農、鄭騫、戴君仁、王夢鷗、潘重規、昌彼得諸教授、劉兆祐主任等名重海內外的學者，充實優秀師資。

上述法律與中文系所聚集全國第一流的耆宿、專家學者而充實豐富了東吳大學這兩個系所的教研師資，極獲教育部的讚賞肯定，刮目相看，而都在兩年內（法律系所碩士班從六十年至六十二年；中文系所碩士班由六十三年至六十五年）的短時間內，皆高升為系所博士班

的招生授課教學，甚為光彩榮耀。

　　他又特別認為，一所優質的綜合大學，一定要成立有歷史系。

　　他重視尊崇大師，民國六十一年五月，他為了要創辦歷史學系，極為禮遇而專程拜訪敦聘即將自臺大歷史學系所退休的劉崇鋐教授來東吳大學創系。

　　劉崇鋐教授（1897-1990，壽民先生）是美國著名頂尖的威斯康辛（Wisconsin）大學及哈佛大學研究所畢業，擔任過（北京）清華大學、（天津）南開大學、（昆明）西南聯大；來台後又擔任過台大、東海的系主任，西洋史專業聲望極高，而且對待教誨學生非常客氣和藹。

　　劉教授（系主任）大名滿天下，及門弟子學生無數；他為新創立的東吳歷史學系聘請來杜維運、黃進興（曾任中研院院士兼歷史語言研究所所長、現任中研院副院長）教授「史學史」、「史學方法論」，阮芝生開授「上古史」、「史記選讀」，張元教授「宋史」、「資治通鑑」，莊吉發（來自故宮深諳滿文專家學者）開授「清史」、「故宮清朝檔案」，尹章義教授「中國通史」；劉主任本人教授「西洋通史」、「十九世紀歐洲史」，沈剛伯教授暨夫人曾祥和女士合教「希臘羅馬史」，王曾才教授「西洋近現代史」等；這些聘請的教授學者，幾乎全是他在臺大授課的同仁及優秀弟子門生。

　　所以端木校長當時（大一、大四兩次）與歷史學系第一屆至第四屆的學生分班聚餐時，總是微笑地說道：

東吳歷史學系在劉崇鋐（壽民先生）主持領導下的師資陣容堅強、教學內容豐富，幾乎與臺大歷史學系完全一樣。

在端木愷鑄秋校長暨劉崇鋐主任的齊心努力申請，獲得了「亞洲基督教大學高等教育基金會」的經費補助，而與國際知名的故宮博物院合作，開課瞭解宣揚中華器物文化；於是東吳歷史學系又請來兩位故宮博物院副院長李霖燦與譚旦冏，分授「中華器物史」和「中華藝術史」；第二年，則又聘請林柏亭（嘉義大畫家林玉山先生公子）教授「中國繪畫史」（後來，林教授也升任至副院長退休）。

史學家黎東方教授在他的自傳《平凡的我》〈補敘威大之行〉，回憶其業師劉崇鋐先生時寫道：

> 邁地森（Madison）是威斯康辛州的首府，在邁城的威大，曾經是全美歷史系最有名的學校。曾在臺大與東吳擔任過歷史系主任，也在大陸時期清華大學教過我「英國史」的劉壽民先生（崇鋐），便是威大歷史學系畢業生。[5]

曾留學劍橋大學研究，出任考試院秘書長特任官，從臺大歷史學系所退休，撰述《西洋近代史》名著的王

---

5 黎東方（1998），《平凡的我》，頁261。

曾才教授追思懷念劉崇鋐教授時說到：

> 劉崇鋐壽民恩師是我求學就讀台大歷史學系時業
> 師，他是威斯康辛大學及哈佛大學畢業又到哥倫
> 比亞大學、耶魯大學研究；專攻西洋史（特別是
> 歐洲英國史），他當過大陸時期的清華、南開、西
> 南聯大歷史系名教授；來台後，擔任過台大、東
> 海、東吳歷史系系主任，教書專業認真，待人極
> 為客氣。我很幸運而榮幸，曾經被他點名到東吳
> 大學歷史學系執教過一段日子。[6]

　　端木愷校長也非常重視大學內的圖書館。他常說：
「一所好的大學，不能沒有一個好的圖書館；因為工欲
善其事，必先利其器；又說，在東吳外雙溪校本部的九
層樓中正圖書館，擁有當時（民國六十七年）國內第一
間裝有中央空調設備的大學圖書館；如此可吸引全校學
生喜歡進入圖書館，逐漸養成閱讀書刊興味，造就專精
廣博研究，也感染沾點書香。」
　　〈東吳大學中正圖書館壁記〉略云：

> 愷以民國五十八年任校事，衡慮困心，度當務之

---

6 王曾才（1990），〈和煦如春風的劉崇鋐壽民先生〉，《傳記
　文學》56 卷 5 期。

緩急，次第施為，差有所成。若圖書館原設窄小，漸不周用。六十四年春，鳩工興建，資眾之力，三載工竣，樓高九層，庋藏閱覽，咸得寬舒；莊生有云：「作始也簡，將畢也巨」。是則愷所事事，亦曰：「居其位竭其勞而已」，爰勒石永此堅造。

校長端木愷撰

民國六十七年三月

　　端木校長在任十四年期間，經年累月，不辭辛勞為東吳大學增立系所，延攬人才，敦聘最優質師資；又擴建增築教室宿舍圖書館等，成立城中校區兩棟大樓，嘉惠全校師生，奉獻良多，功不可沒。

　　城區部第二大樓又稱「鑄秋大樓」，乃為感念追懷端木校長，此大樓川堂有「端木鑄秋先生壁記」略云：

先生於民國九年四月十八日生……初，東吳海內外校友倡議在台復校，先生參與最力，先後擔任同學會會長、董事會董事、代理董事長；五十八年被選為校長，七十二年辭校長，重任董事長以至八十五歲謝世，近四十年之心力悉付東吳……謹述其與本校有關者勒石於壁，以為師生之瞻仰云。

王紹堉
楊其銧　謹記
民國八十年十二月

王紹堉董事長懷念端木校長時寫道：

> 先生擔任母校董事長及校長甚久，他大公無私，
> 一切以學校利益為前提，在十四年校長任內，夙
> 興夜寐，無日不為學校的利益而披星戴月；端木
> 先生永遠活在東吳人的內心深處。[7]

民國七十二年八月一日，接替端木校長而新任的楊
其銑校長追念感佩說道：

> 端木校長鑄公奔走募款，興建校舍，積極延攬人
> 才，擴充設備提高教學水準；他來臺灣後不久即
> 擔任東吳大學同學會會長，並積極參與復校工
> 作，而且從東吳復校之日起，即在法律系兼課，
> 後又擔任董事及代理董事長，服務母校近四十
> 年。鑄公生於詩書之家，接受中華文化薰陶，也
> 接受西方新式教育訓練，有舊時代的典型，也有
> 新時代的風範，在東吳大學教育的歷史上，鑄公
> 必與學校永恆。[8]

7王紹堉（1988），〈懷念端木先生〉，《端木鑄秋先生逝世周年紀念專輯》，頁49-50。
8楊其銑（1987），〈端木鑄公將與東吳永恆〉，《東吳校訊》，123 期，七十六年六月三十日；楊其銑（2003），〈我所認識的端木先生〉，《傳記文學》，82 卷 5 期。

　　民國六十一年六月，端木校長延攬台大物理系畢業留學美國哥倫比亞大學獲得博士學位年輕學人，後來出任東吳首位遴選校長的劉源俊教授回顧讚譽：

　　　　端木校長與東吳復校以來之發展與成長息息相
　　關，東吳教育成果備受稱譽，飲水思源，首當感謝
　　端木校長多年的苦心經營。他留給東吳的資產是各
　　方面的：他常說要等每位老師的研究室都有冷氣之
　　後，才裝他辦公室的冷氣；他當校長後，擔任各種
　　法律顧問的收入都捐給了學校，他的勤儉樸實精
　　神，使得校長辦公室絕對是全臺灣諸大學中，最小
　　的一間。他認為一所完備的大學，不能沒有歷史系、
　　社會系與音樂系音樂館；他重視大師，所以為成立
　　歷史學系聘請劉崇鋐教授，為成立社會學系聘請楊
　　懋春教授─如今東吳大學敢誇稱是一所完備的大
　　學，基礎深厚，健全發展，都可說拜端木校長之賜。
　　他對東吳大學的貢獻，可謂山高水長，他的精神與
　　事功，共與東吳長存。[9]

　　端木校長是東吳大學復校以來至今，在任最久且奉獻心力建樹最多最大的校長；他任職校長十四年間，苦

---

9 劉源俊（1988），〈端木校長與東吳理學院〉，《端木鑄秋先
　生逝世周年紀念專輯》，頁112；〈端木校長山高水長〉，《端
　木愷校長紀念集》，頁596-601。

心投入籌劃經營，為國家社會栽培化育人才，貢獻巨大深遠，他真是一位卓越偉大而值得推崇尊敬的教育家。

第六章　端木愷鑄秋先生
為一代完人

　　先生資性聰穎，求知若渴，「德智兼修，中西融貫」；他一、孝親仁悌，愛護家庭；二、行篤敬，關愛友朋；三、資助生活困難苦學後輩；四、積極任事，為者常成；五、行政歷練豐富；六、氣宇軒昂，忠愛國家；七、法學精湛，名大律師；八、社會賢達國民外交家；九、熱愛教育，澤被師生，提攜精英，接棒教化，「東吳舊譽，臺灣繼刱」；十、著書立說，演講口才；他真是一位值得學習效法的大人物。

　　有幸身為東吳人，得蒙於東吳大學執教授課，且當年常有機緣於校園、宿舍及教堂（安素堂）追隨端木校長，尊仰默學，瞻望伏維，歸納細數，心領神會，鑄公校長至少有十大項人格品德優點特質，敬謹一一敘述學習：

一、伉儷情深，夫人孝順翁姑公婆，家庭和樂

　　民國二十六年，七七事變，端木先生隨政府西遷陪

都重慶，尊翁漁濱先生忽患中風而纏綿床上，戰時醫療藥品短缺，又少於錢財，飲食湯藥餵服，都由鑄秋夫人陳季蘋女士辛勞操持，勤久而無怨怠，端木先生因報國從公於外，不能隨時晨昏定省，家裡內外大小事，皆由季蘋夫人一人擔當；至民國二十八年漁濱先生謝世棄養，因時祭掃，可見鑄秋夫人之端莊淑德為賢婦矣。

當時漁濱夫人因年事已高，家中生活雜事細節，統由鑄秋夫人獨自一手操勞完成，亦見婆媳之間，感情濃厚，情同母女；此乃鑄秋先生終身深愛敬佩季蘋夫人，鴻案相莊六十四年，夫妻互敬互愛，伉儷情深之惜緣也。

端木鑄秋先生的千金儀民、儷民回憶追念：

> 只要父親在家，那天晚上餐桌上可就熱鬧了。因白天上班的上班，上學的上學，只有晚飯的時候，一家人聚在一起。家裡人口多，一大家子聚在一起，話匣子一打開，你一言，我一語，好不熱鬧，一頓飯經常可以吃上一兩個小時。奶奶總是說：「怎麼飯一到嘴，話就來了！」有趣的是，經常都是父親帶頭討論，奶奶也只有笑著搖頭了。多年後回憶起來，一家人坐在一起，有吃有喝，聊天說地，真是好開心，也成為我們心中最溫馨的回憶。[1]

1 端木儀民、端木儷民，〈我們的父親與祖母、母親〉，《傳記文學》，82 卷 6 期，92 年 6 月號。

鑄秋先生長公子俊民也回憶感懷：

> 父親一生對個人理家及出社會後能夠做一番事業，
> 完全因他的修身齊家；父親在外奔走一生而無內
> 顧之憂，不能不提起母親的功勞，她是典型的賢
> 內助，完全盡到管理家庭的能力，使家中井井有
> 條，父母對我們子女的愛護，真是無微不至。[2]

二、行篤敬，對朋友同輩關愛忠信

　　端木鑄秋先生本性「儒俠相資」，為人熱誠而重然諾，對同輩朋友更是重情誼講道義；茲舉三例說明他的忠信篤敬。

　　1.鑄秋先生與世新大學創辦人成舍我先生在民國十六年底初識於南京，來台後的很長久時間,仍時常來往,過從尤密；民國四十五年,成創辦人興辦規模尚小的「世界新聞學校」,卻敦聘請到當時在台北已是鼎鼎有名的大律師,又是著名的東吳大學法學教授的端木愷先生來世新職校授課,極富友誼義氣；成舍我先生就為文追憶此事：

---

2 端木俊民（1988），〈憶父親二三事〉，《端木愷校長紀念集》，
　頁 710。

民國四十五年，我在極艱困中，創辦世界新聞學校，是時學院、專科，均不易新設，僅獲准開辦職業學校，四十七年始升格改辦專科。當時我最努力者，為如何提高師資；我明知職校及三、五專，均不易要求專家學者、資深之大學教授，降級前來任教，但我第一位與鑄秋談及，他竟先首肯承諾，願教職校及專科英文，當時他公私業務均極忙，但前後三年，從未請過一次假，他憐念我辦學苦心，攘臂相助，首先允許，尤可感激。他這種為人熱心，重然諾的作風，的確使人難忘；世新在草創之初，端木先生的貢獻，是不容抹煞的。[3]

　　成舍我創辦人之千金，曾任東吳大學教授兼經濟系主任，其後回接世新大學校長的成嘉玲教授也追憶感念：

端木校長和家父舍我先生是數十年的舊交摯友，一九五六年，家父興辦新聞專門學校以培養新聞人才構思，廣邀新聞、文化界知名人士共襄盛舉。

---

3 成舍我（1988），〈對鑄秋先生我最追憶的事〉，《端木鑄秋先生逝世周年紀念專輯》，頁 55；成舍我口述，蘇文婷記錄（2004），〈成董事長舍我口中的端木先生〉，《端木愷校長紀念集》，頁 491-492。

家父邀集的創校發起人，如于右任、王雲五、端木愷……等先生，均是一時碩彥。端木先生更不辭路遠勞頓，每週欣然從台北坐三輪車來到當時交通甚為不便的木柵溝子口授課。初創僅是「新聞職業學校」，招收的對象是初中畢業生，端木先生以知名大律師、著名教授學者的身分，竟能紆尊降貴至此，其人之講義氣、重友情，由此可見一斑。我在（家父與端木伯伯）兩位老人家的薰陶下，學到了很多。後來接了世新，從升格改制學院到改名大學，十年校長任內，能夠順利度過，聲譽還算可以，兩位的教誨，助益良多。……我謹借宋朝范仲淹在〈嚴先生祠堂記〉一文中，誦揚東漢嚴子陵先生的高風亮節佳句：「雲山蒼蒼，江水泱泱；先生之風，山高水長。」來表達我對端木伯伯的追思與崇敬。[4]

2.民國二十六年七月，七七事變後，日本全面侵華，中華軍民起而抗戰；此時，前內政部蔣作賓部長出任安徽省主席，邀端木先生回鄉擔任安徽省政府民政廳長，在這風雨飄搖緊急時刻，端木先生大力情義協助，設法將仍困留在安徽的傅斯年教授之慈母，平安送到重慶，

---

4 成嘉玲（2003），〈憶端木伯伯敦厚、無私的胸懷〉，《傳記文學》，82卷5期，2003年5月號。

讓他們母子重圓。他的兩位公子端木俊民、偉民曾應《傳記文學》月刊社之邀，記載此事：

> 父親在安徽任職時，傅斯年先生的母親不知道何故留在安徽；當此時局緊張，交通紊亂，父親設法將傅老夫人平安送達重慶，使他們母子團圓。父親從不對外說起，直到父親從安徽抵達重慶時，傅斯年先生專程來訪，並對父親說：「大恩不知何以為報，若有效力之處，儘管吩咐。」傅斯年先生後來在台任台灣大學校長，父親亦從來未麻煩過傅校長，一直保持良好的友誼。[5]

　　3.本書第二篇第五章〈偉大的教育家〉提及：東吳大學在台復校之初，禮聘台大法學教授呂光（字號曉光）博士出任東吳副校長兼教務長，他一直以其法學素養專業，春風化雨無數法律系學子，一直到民國七十年以法學院院長退休。此時，端木先生擔任東吳大學校長，以崇老尊賢及長久同事友誼，參照英美大學法學院長退休制度，聘請呂光先生為專任教授兼榮譽法學院院長，特別致函：

---

5 端木俊民、端木偉民（2003），〈緬懷我們父親端木愷（鑄秋）先生的一生〉，《傳記文學》，82 卷 5 期，2003 年 5 月號。

曉光院長吾兄道席：關於所請自下學年度起退休
一節，校方基於崇老尊賢之旨，自當同意照辦，
庶可頤養餘年，惟回顧過去卅年來，台端對東吳
之深厚貢獻與犧牲，誠然有目共睹，除代校方敬
致感佩之忱外，為表示酬庸起見，學校決定參照
英美大學法學院院長退休制度，下學年度聘請台
端為專任教授兼榮譽法學院院長（Dean Emeritus），
按月支領教授最高待遇，聘書另奉，並設榮譽院
長辦公室，希望不時到校提供卓見，以匡不逮。
尚祈俯允為荷。專此　順頌
道安[6]

　　　　　　　　　　弟端木愷拜啓
　　　　　　　　　　民國七十年　月　日

三、資助生活困難苦學上進後輩

　　端木先生宅心仁厚，古道熱腸，一生樂善好施，柔
軟體恤低收入而生活困難者及資助苦學上進後輩。端木
鑄秋先生的千金在回憶父親一生資助他人之不欲人知善
行義舉事實：

---

6 端木愷（1981），〈致呂光院長書一通〉，《端木愷校長紀念
　集》，頁269。

父親蒙主恩召不久，一次儀民在計程車上，駕駛突然指著路旁的一個律師招牌說：「妳知道有一位端木愷律師嗎？他是我們計程車司機公會的免費法律顧問，如今他離去了，不知有誰再有他那樣的好心，可惜啊！」聽到一位不相識的人對父親的追念，心中真是好感動。父親這一生還有多少我們做子女所不知道的善行，在為我們積德造福呢！[7]

寬厚的父親獎掖後進總是不遺餘力。在父親往生後，我和傑民整理他的物品時，發現在書桌的抽屜裡有許多借條，每張數目均在兩、三千美金，借錢的理由都是出國、求學。兩人商量，一致認為父親從未交代有此事，絕不能讓這些借條曝光。

我也記得曾見過一位職位蠻高的先生，告訴我他出國時曾向父親借過二千元。若干年後他賺了錢，由他的母親陪同來還錢給父親。父親對他說：「我並不打算要你還錢，今日你既這麼誠心，我收下了，不必言謝，如真要謝，你就幫助別的像你當

7 端木儀民、端木儷民（2003），〈我們的父親與祖母、母親〉，《傳記文學》，82卷6期，92年6月號

時一樣需要幫助的年輕人，那就等於謝我了。」

所以我和傑民兩人決定撕毀所有的借條，因為我們深信，這也是父親要我們這麼做的。[8]

四、積極力行工作，享受生活熱愛生命

端木鑄秋先生非常愛惜光陰，重視時間寶貴，認為人的生命是由許許多多的時間，一天二十四小時，一年三百六十五天，這樣累積而成；所以他不捨得浪費時光，身體力行，日夜不懈積極工作；他很強調遵行「今日事，今日畢」，切記不要把今天可以做好的事，托延遲到明天後天才急趕著做；他認為「行者常至，為者常成」。

他在民國五十八年至七十二年，擔任做好東吳大學校長十四年期間，能者多勞之外，他至少還兼任「台北市報業新聞評議會」評議委員，中華基督教衛理公會董事（長），「台北市新聞評議會」評議委員，「行政院國際關係研究中心外交小組」極少數主要成員，「太平洋文教基金會」董事長，「中華民國新聞評議會」評議委員。「中阿（拉伯）文經協會」理事長，「中華民國私立教育

---

8 端木儀民（2004），〈春暉永難報世紀憶親恩〉，《端木愷校長紀念集》，頁 738-739。

協會」（名譽）理事長，（海外學人暑假歸國參與）「國建會」總領隊，「中央選委會」委員，「團結自強協會」理事長等。

每個週日早上九點至十一點半，準時參與東吳大學外雙溪教堂（安素堂）內的主日崇拜禮儀，固定每週二上午第三、四節和大一、大四學生暨社團幹部舉行「與校長有約」的見面聯誼及會餐制度。他還要出席參與學校董事會的常會與臨時會議，利用每年寒暑假僕僕風塵，奔波國外參加東吳大學在國外的畢業校友同學會年會，為東吳大學勸募款項，努力積極辦學治校。

他主掌校政期間，年年為東吳增設系所，敦聘第一流師資；擴建城區部教學大樓、男女學生宿舍、教職員工宿舍、教師研究大樓、（超庸）科學館、音樂館等，有如馬不停蹄，為國家社會盡心盡力；為學校師生，為教育下一代，春風化雨，澤被學子。

他常和藹微笑著說：如果上帝主耶穌能賜給我一天三十六小時，那該有多好！我就會更熱愛生命，更積極工作來做更多有意義的事情，事奉主信賴主，替國家社會做大事，服務愛護更廣更多人民。

端木鑄秋先生的長女端木儀民就追憶感念寫道：

在我們眼中，父親只是一個平凡的人，但是在生活的習慣上，卻具有一點普通一般人所不常有的特質。父親的工作時間是不分晝夜的，他書桌上

的燈經常亮到清晨四、五點，也就是說，他又工作了一整晚沒睡。有時則會看到他在房間踱步，思索問題。因此除了吃飯的時間與我們一樣外，他都盡量在空閒時躺在沙發上休息補眠。

在我記憶中，父親很少睡床，除非身體不舒服吧！他有一張很寬很大的沙發，兩腿可以翹起來，沙發旁有一個茶几，上面有兩個電話。他的休息是不分晝夜的，常看他在沙發上打呼睡著的樣子，但是電話鈴一響，不管是哪一支，他即刻進入狀況，只要電話一掛上，他立即又繼續打呼睡著了。[9]

五、行政歷練有功國事

民國十六年六月，端木愷鑄秋先生在美留學，榮獲紐約大學法理學博士學位；十七年，應程天放先生之邀，任北伐國民革命軍軍官團政治教官；十八年，程天放先生任安徽省教育廳長，堅邀端木先生擔任秘書兼科長，是一生中行政歷練，報國從政之始。

民國二十二年，受命擔任行政院參事，學懋政績優等，二十五年，國民政府籌開制憲國民大會，擔任籌委

9 端木儀民（2004），同註 8，頁 735。

會組長策訂選舉規則辦法，以其精深法學素養並參酌政理，殊有創獲，頗多為後來選務所援用。

二十六年七月七日事變，抗戰興起，蔣作賓先生出任安徽省主席，力邀端木先生任省府民政廳長；三十年六月一日，升任行政院會計長；三十一年，國民政府在行政院府內設立「國家總動員會議」，蔣中正先生為會議主席，端木先生受命被邀擔任副秘書長，以掌理政府人力、物力動員及物價管制，對國脈民命及致力抗戰勝利，關係巨大深遠，旋兼代秘書長職位，知遇特深，倚賴甚重，而端木先生更加奮勉為國效命，多所建樹而獲頒「景星勳章」。

三十四年四月，抗戰勝利前夕，獲選為「國民參政會」參政員，襄贊國是，和衷共濟，調解鼎鼐在各黨派之間，折中化異求同，頗多奉獻心力於艱難國事時期。

三十五年十一月十五日至十二月二十五日，制憲國民大會在南京召開會議，端木先生以被遴選之制憲代表身分出席；十二月二十五日，制憲會議三讀通過《中華民國憲法》，旋於三十六年一月一日元旦公布，以同年十二月二十五日開始施行，還政於民實施民主憲政。

民國三十七年五月，端木先生代表律師公會當選為第一屆立法委員，於南京就任；七月一日王寵惠（亮疇）先生擔任行憲後第一屆司法院長，力邀端木先生任秘書長；同年十二月底，孫科（哲生）就任行政院長；邀請端木先生為秘書長。

　　三十八年，國內局勢逆轉，政府播遷來台，三十九年三月一日，蔣中正總統復行視事，端木先生受聘擔任總統府國策顧問，旋又受聘為行政院設計委員會委員。

　　郭驥（字外川，1911-1990，曾任國民大會代表主席團主席）尊仰追懷：

> 北伐功成，全國底定，國家需才孔亟，時先生未
> 滿三十，其才華即為當道所激賞；先生曾任中央
> 大學法學教授，我是時尚在中大就讀；我畢業後，
> 赴英留學返回重慶，先生已歷政府要職，担任安
> 徽省民政廳長及行政院會計長，總動員會議兼代
> 秘書長；抗戰勝利後，又先後出任司法、行政兩
> 院秘書長，幹練精明，中樞對其倚畀之重，可想
> 而知。[10]

　　曾任孫科院長高參幕僚的陳鶴齡律師也追懷端木先生功著國史：

> 端木先生學優則仕，先後担任行政院參事、安徽
> 省民政廳長、行政院會計長，國家總動員會議秘
> 書長、國民參政會參政員、立法委員、行政院秘

---

10 郭驥（1988），〈道範長存〉，《端木鑄秋先生逝世周年紀念
　　專輯》，頁 68。

書長等，政績輝煌，貢獻良多。[11]

六、敦厚軒昂，忠愛國家，長官器重，屢獲擢升

　　端木鑄秋先生資性敦厚，器宇軒昂，忠愛國家，行政資歷豐富完整，聰穎幹練，屢受國家最高當局與行政、立法、司法三院院長譚延闓（1880-1930，曾任國民政府主席、行政院長），孫科（1891-1973，曾歷任立法院長，行政院長），王寵惠（1881-1958，曾任國民政府及行憲後之司法院長）的器重賞識，倚畀擢升；舉例敘明如下：

　　1.六十五年鑄秋先生在東吳大學做校長時，六月二十五日忽然接到許承志先生一封信，許先生是蔣公的侍從武官，信上說：「日前檢視舊篋，無意發現手諭一紙，上有先生大名，特影印一份，寄呈先生以為紀念。」蔣公的手諭是「約王亮疇、張岳軍、吳鐵城、吳禮卿、端木愷下午八時聚餐，中正」。

　　鑄公當時捧讀這份稀世之珍，一時熱淚盈眶，立即親自覆信給許承志先生說：「承志同仁，六月二十四日惠書，頒來先總統蔣公手諭影本一份，敬謹拜領。自播遷海隅，收藏盡失，蔣公手澤，痛亦無存，此諭對愷益足

---

11 陳鶴齡（2004），〈功著國史〉，《端木愷校長紀念集》，頁533-535。

珍貴。承賜影贈，具見故情，覩物懷人，不禁涕泗滂沱，自當妥慎珍藏，永留紀念也。」

　　鑄秋先生受知蔣公之深，與其熱愛領袖之厚，可以在這兩份文件中看出。[12]

　　2. 鑄秋先生喜愛收藏名家書畫作品，民國十二年至十三年之間，有幸得蒙國家大老譚延闓（組庵）先生賜贈一副對聯，由於戰亂播遷，僅剩上聯「白菊紅蘗相撫媚」，鑄秋先生常以為憾。直到民國六十七年，得知組庵先生哲嗣譚伯羽（1900-1982）在美，書法仿學其尊翁組公極為神似；乃託伯羽兄弟譚季甫先生函轉請託伯羽先生補足下聯；後來，終補成下聯七字「遠山近水足徜徉」並請其外甥陳履安（陳誠辭修先生暨夫人譚祥女士之公子）借訪美之便帶回台灣，鑄秋先生大喜過望，裝裱後懸在客廳，朝夕欣賞回味並覆謝函：「老伯贈聯，遂蒙足成缺幅，稀世之珍，乃能完璧，觀摩乃若天成，跋語並及賢甥履安，一聯因緣竟通三世，敢不敬謹珍藏，以為暮年榮寵，不知何時可與台從徜徉於遠山近水中耳。」[13]

　　一聯而通三世，誠為當代書法文壇上之流傳佳話。

　　3.端木先生與孫科先生、王寵惠先生都結識很早、

---

12 韋薾堂（1988），〈悼念端木鑄秋先生〉，《端木鑄秋先生逝世周年紀念專輯》，頁119-120。

13 同註12，頁120-121。

很久；端木先生因其尊翁漁濱先生曾追隨孫中山先生革命，為長官部屬關係；民國十二年，端木鑄秋南下廣州晉見孫先生，三十七年五月，端木當選就任立法委員，當時孫科擔任立法院長，旋於三十七年十二月至三十八年三月，孫科擔任行政院長，邀請端木當他主政的行政院秘書長。端木鑄秋先生在上海澄衷中學就讀時，很愛國活躍，當上全上海的中學生代表，南下廣州晉謁孫中山先生而結識王寵惠先生；制憲時，端木被指派擔任國民大會代表選舉之第三組長，及到三十五年十一月十五日至十二月二十五日，端木為制憲國民大會代表，擔任王寵惠之左右得力助手，三十七年七月，寵惠先生任司法院長，力邀端木擔任司法院秘書長；旋又同年十二月底，特別舉荐端木先生予最高當局蔣總統及孫科院長，擔任行政院秘書長。來台後端木先生奉獻心力於東吳大學在台復校，與呂光等熱心校友敦請王寵惠院長出任東吳董事長，巧用蔣中正總統垂詢相關憲法問題時機，臨門一腳功力，玉成東吳大學在台復校。民國五十五年（1966），恭逢國父孫先生百歲誕辰，孫科先生由美返台，端木先生此時為東吳大學董事會代理董事長，於隔年（五十六年）董事會臨時大會前，遊說董事們一致推舉孫科先生為東吳大學新任董事長，端木先生任副董事長。由此可見，端木先生與孫科（哲生）先生和王寵惠（亮疇）

先生關係之深遠，情誼之密切。[14]

七、端木鑄秋先生為出色成功的大律師

端木先生一生主要律師工作地點在南京、上海及來台後之台北；最轟動國內外社會而為人們（特別律師界）所津津樂道者，要為民國三十六年八月，免費為陳璧君的子、婿辯護，終獲無罪開釋，及來台之 1951 年至 1953年「兩航事件」成功落幕，民國五十七年（1968）為「高雄青果社香蕉案」辯護，還被告公道，宣告無罪；及民國六十九年（1980）受聘代表英國政府與我國政府辦理淡水紅毛城（前英國領事館）交還我國收回之法律程序手續，維護國家尊嚴利益。

端木先生「儒俠相資」，不畏權勢，好抱不平，伸張公理正義。

現任「理律法律事務所」所長的李念祖教授名律師追念感佩說道：

> 行憲前，他就已是全國知名的大律師；抗戰勝利
> 後，他曾義務担任陳璧君及子、婿的辯護人，在
> 那個年月，此舉真是律師本色；陳璧君親筆頌揚

---

14 端木偉民（2004），〈追述先父交游〉（與王亮疇、孫哲生之
關係），《端木愷校長紀念集》，頁 729-730。

他「伸公道而重人權，明是非而雪冤抑」，正是律師的職責榮耀。[15]

立法院前院長梁肅容（律師）表達對端木前輩的崇敬：

法律代表公理、正義、公平，但「徒法不足以自行」，法治精神的建立，仍賴具有正義感的人士去實踐與堅持，方能建立現代國家民主法治、保障人權的制度。遙想鑄秋先生的君子風範，感念他一生為國家社會，尤其是建立民主法治所作的貢獻，我對這位法學律師前輩，表達崇高敬意。[16]

李文儀律師(教授)也追懷長期深受端木先生栽培，對其律師風範，感佩尤深：

端木先生素以紓解冤屈及辯才無礙著稱，先生中英文造詣俱屬上乘，律師書狀行文有若行雲流水，一氣呵成，且言簡意賅，要言不繁；復因長期習律，學貫中西，曾任大學法學教授、立法委員及

15 李念祖（2004），〈律師教育家─端木校長百年紀念〉，《中國時報》，九十三年四月十九日。
16 梁肅容（2004），〈一位政治家‧律師‧教育家的風範〉，東吳大學《端木愷先生紀念座談會紀錄》，九十三年五月六日。

司法院秘書長，熟諳相關法律之立法背景，兼顧實務經驗，所以，先生書狀中每引經據典，條分理析，且法、理、情並顧；哲人日已遠，典型在夙昔，爰記其律師風範，披於來世，以勉後進。[17]

八、難得社會賢達卓越國民外交家

端木先生法政素養精湛，德高望重，被推舉敦聘為中華民國暨台北市新聞評議委員、「中選會」委員、「團結自強協會」理事長，是國人所崇仰、尊敬的社會賢達；他又被敦請推選為「行政院外交工作小組」主要成員，「太平洋文教基金會」董事長，「中阿文經協會」理事長等，也是一位卓越的國民外交家。

前立法委員、監察委員黃煌雄先生懷念致敬說道：

端木先生有中華傳統士大夫的氣質品格，他的開放包容，吸收了很多戒嚴體制下，所不敢或不能吸收進用的人才，所謂「禮失求諸野」，這是他身上非常珍貴而受到敬重的資產；他人生最後階段在台灣土地上，用其生命捍衛培養一代一代的新生命，這點是值得所有生長在台灣土地上的人民，

---

17 李文儀（2004），〈端木愷校長的律師風範〉，《端木愷校長紀念集》，頁 658-660。

向他致意，表達懷念。[18]

前外交部長、駐美大使周書楷讚揚懷念寫道：

> 我以「行政院對外工作小組」召集人身份經當時行政院長經國先生同意，物色最佳賢達人選端木鑄公來擔任「太平洋文教基金會」與「中阿文經協會」理事長，他只要接受一項職務，都盡心投入，全力以赴，他的風範典型，常留在我們心中，深值懷念效法。[19]

前教育部長、外交部長蔣彥士先生追懷感佩：

> 鑄公是國內有數法學專家，東吳大學校長，又是熱誠愛國人士，社會賢達，德高望重，被敦聘出掌「太平洋文教基金會」與「團結自強協會」等重大職位，他都欣然接受，秉持報國藎忱，竭誠以赴，對促進中美文化交流，團結全民意志，有不可磨滅的貢獻。[20]

---

18 黃煌雄（2004），同註 16 座談會，頁 828-829。
19 周書楷（1988），〈古道熱腸獻身國家社會的端木愷先生〉，《端木鑄秋先生逝世周年紀念專輯》，頁 62-63 與頁 66-67。
20 蔣彥士（1988），〈追懷端木鑄公二、三事〉，同上註 19 所揭書，頁 53。

前外交部長、駐美代表、監察院長錢復先生推崇讚佩說道：

> 端木鑄公以「太平洋文教基金會」董事長身份，不斷地邀請美國國會議員和助理來台灣訪問，他做事非常認真負責，收到很豐碩成果，每一位來過此地的美國議員或助理，皆對我國有著深厚的友誼，鑄公的貢獻非常之大。[21]

九、春風化雨教育報國，提攜年輕菁英接棒

端木先生對東吳大學在臺復校，奉獻心力最多，担任東吳在臺校友會會長、董事會董事、常務董事、代理董事長，並於民國五十八年至七十二年，担任長達十四年的校長，為東吳大學復校以來，擔任最久，也最有建樹貢獻的校長，「東吳舊譽，台灣繼掷」。

他春風化雨，教育報國，年紀漸漸大了，他為東吳大學未來著想，細覓賢才，放手交棒並提拔楊其銑繼任校長，又培植章孝慈、劉源俊等年輕才俊優秀教授乃能接棒，開創又一番新局面。

楊其銑校友自民國四十七年自母校東吳外文系畢業後，自助教開始，歷任講師、副教授、教授、校長室及

---

21 錢復（2004），同註 16 引本，頁 826-827。

董事會秘書、語言中心及外文系主任、文學院長、教務長、副校長，大學教育行政資歷完整，也出任過教育部駐美大使館文化參事，精明幹練且溫煦和藹。

民國六十一年九月，端木校長與甫自哥倫比亞大學取得博士學位的劉源俊博士原本不認識，然而端木校長以其人生豐富閱歷，觀人敏銳透徹，透過書信往返及利用赴美國紐約開會之便，專程邀約把晤面敘。禮聘青年才俊新人到東吳大學物理系專任副教授；六十二年兼代副主任，六十三年兼代物理系主任，六十五年升等為教授並兼物理系主任；鑄公校長期勉說道，人才是要慢慢培養的。六十六年，鄧靜華理學院長離退，端木校長又提拔劉源俊主任更兼理學院長，後贊許楊其銑校長提攜擔任教務長。民國八十五年，劉教授以臺大物理系畢業，而非東吳母校出身的學者，終究脫穎而出，被選任首屆遴選校長。可見當年端木校長之愛惜人才，獨具慧眼，識人善任，提攜年輕菁英教授學者。[22]

端木校長變賣自己收藏古董字畫、華屋自宅，籌得約一千三百萬元，竟悉數捐給東吳大學，這是他「取之於社會回用於社會」的寬大無私胸懷；興學辦學的人不少，難得的是，辦學主持校政十幾年，却不支領薪水，反倒過來在晚年餘生，把全部的資產屋宅，捐獻給東吳

---

22 武憶舟（2000），〈與端木校長忘年之交〉，《近半世紀東吳憶往》，八十九年三月十六日。劉源俊，〈端木校長山高水長〉，《傳記文學》，82 卷 5 期，92 年 5 月號。

大學，真是一位偉大的教育家，他瀟灑豁達，熱愛東吳的人格作風，在東吳大學校史上，留下令人尊仰感佩的一頁，也為大學高等教育工作者，留傳難能可貴的絕佳典範。

現任東吳大學董事長王紹堉教授懷念說：「端木先生的德性，像山一般崇高；他的事功，像地一般博厚；他的言行學問，像海一般深廣；他已和大自然同其不朽，先生永遠活在東吳人的內心深處。」[23]

現任東吳大學潘維大校長感念：

> 端木校長是一位親切、愛護學生的教育家；回想我學生時代，端木校長之行誼中，最讓我印象深刻，也影響我最深的，當屬端木校長在每週一朝會的精神講話；除了言教外，其身體力行與全校各學系各班同學的聚餐，更是令人欽佩；而當年學校裝設空調系統時，端木校長則說：「全校任一地方未裝設前，校長室絕不裝冷氣。」愛護學生之情表露無遺。[24]

東吳大學楊其銑前校長敬佩端木校長對畢業校友的

---

23 王紹堉（1988），〈懷念端木先生〉，《端木鑄秋先生逝世周年紀念專輯》，頁 50。

24 潘維大（2000），〈感念端木校長〉，《端木愷校長紀念集》，頁 645。

關愛：

> 有位校友想謀求高雄市一個育幼院主管職務，央
> 求老校長幫忙，鑄公為他寫五、六封信給省政府
> 有關人士，兩年才告成功；有人勸鑄公何必為此
> 小事碰別人釘子；鑄公答得很爽快：「碰釘子並
> 不重要，碰了釘子能為學生開一條出路值得一
> 碰。」[25]

他真是一位值得感佩，有愛心的東吳大家長。

東吳前日語系主任、外語學院院長蔡茂豐教授佩服
懷念：

> 民國六十一年（1972），東吳大學成立外語學院日
> 文組（即後來的日文系，日本文化研究所碩、博
> 士班）是創辦國內唯一培養日語師質的最高學
> 府；直到 1989 年，始見木柵指南路的知名國立
> 大學新設日文組，其間相隔十七年。撫今憶昔，
> 對端木校長的睿智遠見，豈是佩服而已。聊述為

---

25 楊其銑（1987），〈端木鑄公將與東吳永恆〉，《東吳校訊》
第 123 期，七十六年六月三十日。

文，懷念端木校長知人之恩，提拔之情。[26]

　　東吳大學中文系所劉兆祐前系主任感懷端木校長的貢獻：

> 現存故宮博物院的「文淵閣版本《四庫全書》」，
> 台灣商務書館在民國五十八年，首先印行珍本，
> 筆者當時即建議，端木校長預約一部，立即應允。
> 後來，《四庫全書》出齊，博物院送一部給嚴前總
> 統家淦先生，嚴前總統轉送給東吳大學〔因此現
> 今東吳大學外雙溪總圖書館有紀念嚴前總統與端
> 木校長所贈書之專門收藏空間研究室〕，所以今東
> 吳大學應是全國唯一擁有兩部《四庫全書》影印
> 珍本的學校。[27]

　　端木校長最親近貼心而疼惜摯愛的千金儀民、儷民
回憶感念父親：

> 父親將他好友胡惠春先生捐贈的一批清朝恭親王
> 御用珍稀古董家俱器物，以半價轉賣故宮博物院
> 收藏展覽，所得貳仟參佰萬元，在東吳成立「胡

---

26 蔡茂豐（2004），〈百歲誕辰憶校長〉，《端木校長紀念集》，
　　頁 629。
27 劉兆祐（1988），〈懷念端木先生〉，《端木鑄秋先生逝世周
　　年紀念專輯》，頁 50。

肇江（胡惠春先生尊翁）紀念專款」做為學校獎勵優質師資基金；如此，故宮廉價購得珍貴古董，胡惠春先生盡了孝道，東吳進有急需現金，真是三方皆贏得利。為了東吳，父親要替學校省錢，於是女兒們的鋼琴升級，進入東吳音樂系了！連家裡好一點的檯燈、電風扇等都進到東吳外籍教授的住處。珍藏的的萬餘冊圖書、善本書，土地房子都捐贈給東吳大學；他為國家社會教育菁英，培育人才；父親一生最後一件大事，就是奉獻服務東吳，竭盡所能奉獻他的時間、精力、財物、書籍、生命，他可以付出的，都貢獻給東吳了。[28]

十、擅長精闢感人演講信函，重質著書立說

端木校長的辦公室秘書韋仲公（蒹堂）教授在〈端木愷先生行述〉一文上說：「先生善屬文，唯不肯多事著述」。

他的公子偉民也說：「父親一生閱歷豐沛，但為人謙讓，從未有寫回憶錄念頭；原因是：寫真實或編寫假的事情？如寫真實，總有得罪人地方，何必為小輩添麻

---

28 端木儀民、儷民（2003），〈我們的父親與祖母、母親〉，《傳記文學》，82卷6期，92年6月號。端木儀民（2004），〈春暉永難報世紀憶親恩〉，《端木愷校長紀念集》，頁742與748。

煩，這是父親一貫行事的風格」。[29]

　　然則，端木鑄秋先生仍是留傳有學術論著《法理學》，演講詞〈發揚東吳校訓—養天地正氣法古今完人〉等；傳文〈陳之邁先生碑石小傳〉、〈陳之邁先生事略〉、〈懷念孫哲生先生〉;〈東吳大學教育推廣中心碑記〉〈超庸館碑記〉、〈東吳大學中正圖書館壁記〉、〈東吳大學城區第二大樓壁記〉、〈徐道鄰《中國法制史論集》序〉、東吳大學《法律學報》發刊詞，東吳大學《文史〔文學史學哲學藝術〕學報》發刊詞等;《家書七十通》、〈致劉源俊君書八通〉、〈致呂光院長書一通〉等信函；皆為精闢簡潔，感人肺腑的簡傳，壁記、書信等。[30]

　　綜觀端木鑄秋先生一生的德性事功立言文章，即上述所敘他的十項優點特質，前四項乃立德也；再後五項立功也；第十項，立言也。

　　《左傳》記載:「太上有立德，其次有立功，其次有立言，雖久不廢，此之謂不朽」。三者中，只要有一樣，即可成為不朽；然則，端木鑄秋先生三者兼備，大為不朽，實至名歸。

　　《尚書》〈洪範篇〉:「五福:一壽，二富，三康寧，

---

29 韋仲公（1988），《端木鑄秋先生逝世周年紀念專輯》，頁 9。
　　端木偉民、俊民（2003），〈緬懷我們的父親〉，《傳記文學》，82 卷 5 期，92 年 5 月號。

30 請參閱《端木愷校長紀念集》上卷，目次，2004 年 8 月，東大圖書公司。

四修好德，五考終命〔善終〕」。

　　端木先生三子三女，多子多孫多福氣，享有高「壽」八十五；高官祿位「富」貴；一向耳聰目明，身心「康寧」；讀書辦學積「修好德」；君子善「終」長「命」；真是「五福臨門而全歸」也。

　　他有上述十項德行事功立言優質特點，可謂「十全十美」當之無愧。

　　東吳大學校訓為「養天地正氣　法古今完人」，端木愷鑄秋先生真是足以被推崇尊仰為「一代完人」。

主要參考書目

一、〈張其昀傳略〉部分

文化大學（1986），《張其昀先生紀念文集》。

文化大學（2000），〈張其昀先生百年誕辰紀念文集〉。

張其昀，《中華五千年史》（九冊），文化大學。

張其昀，《張其昀先生文集》（正編二十五冊），文化大學。

國防研究院（1968），《國防研究院十周年概況》。

劉廣英（2016），《俯仰——民國政略家張其昀》，文化大學。

潘維和主編（1982），《張其昀博士的生活和思想》（上、下冊），文化大學。

二、〈端木愷傳略〉部分

東吳大學（1988），《端木鑄秋先生逝世周年紀

念專輯》。

東吳大學（2000），《世紀春風——東吳大學建校百年紀念特刊》。

東吳大學（2004），《端木愷校長紀念集》，東大圖書公司。

近代中國出版社（1985），《中國現代史辭典(人物部分)》。

傳記文學（2003），82卷第5、6期。（端木愷鑄秋先生紀念專輯）

蔣武雄（2020）主編，《東吳大學在臺復校的發展》，東吳大學。

劉紹唐，〈劉崇鋐先生小傳〉，《傳記文學》，57卷3期，79年9月。